全国中等职业技术学校汽车维修专业教材

汽车底盘拆装与维修实训

人力资源和社会保障部教材办公室组织编写

中国劳动社会保障出版社

图书在版编目(CIP)数据

汽车底盘拆装与维修实训/刘锋主编．—北京：中国劳动社会保障出版社，2011
全国中等职业技术学校汽车维修专业教材
ISBN 978-7-5045-9409-9

Ⅰ.①汽… Ⅱ.①刘… Ⅲ.①汽车-底盘-装配(机械)-中等专业学校-教材 ②汽车-底盘-车辆修理-中等专业学校-教材 Ⅳ.①U463.106 ②U472.41

中国版本图书馆CIP数据核字(2011)第268587号

中国劳动社会保障出版社出版发行
（北京市惠新东街1号　邮政编码：100029）
出 版 人：张梦欣
*
北京市艺辉印刷有限公司印刷装订　新华书店经销
787毫米×1092毫米　16开本　11.5印张　257千字
2012年1月第1版　2024年5月第16次印刷
定价：23.00元

营销中心电话：400-606-6496
出版社网址：http://www.class.com.cn
http://jg.class.com.cn

前　言

随着汽车的逐步普及和交通运输业的发展，汽车保有量大幅增加，社会对汽车维修专业技能人才的需求日益增大，对其知识和技能的要求也在不断提高，这就对相应的职业教育和培训提出了更高、更新的要求。为了更好地满足社会对汽车维修专业技能人才的需求，满足中等职业技术学校汽车维修专业的教学需要，我们在广泛调研的基础上，组织行业企业专家、职业教育研究人员、学校一线骨干教师共同开发了本套全国中等职业技术学校汽车维修专业教材。

本套教材包括：《汽车文化》《汽车结构》《汽车识图》《机械常识与维修基础》《钳工与焊工基本技能》《汽车电路知识与基本操作技能》《汽车发动机构造与维修》《汽车电控发动机构造与维修》《汽车发动机拆装与维修实训》《汽车底盘构造与维修》《汽车底盘拆装与维修实训》《汽车底盘与车身电控技术》《汽车电气设备构造与维修》《汽车电气设备拆装与维修实训》《汽车自动变速器构造与维修》《汽车维护实训》《汽车故障诊断》等。

本套教材具有以下特色：

第一，以国家职业标准《汽车修理工（中级）》为依据，结合企业的用人要求，科学定位教材内容，体现汽车维修的技术发展和时代特征。

第二，综合考虑专业能力培养和教学操作性。本套教材采用模块化的教学设置，分为基础、发动机、底盘、电气、维护和选修6大模块。在车型选择上，尽量选用具有代表性的常见车型，增强教学的适用性。

第三，注重综合职业能力的培养。一方面选取了大量来源于企业和工厂的实际案例，营造真实的工作情境；另一方面设置了较大篇幅的实训内容，针对发动机、底盘、电气、维护还开发了相应的实训教材，培养学生扎实的汽车维修技能。

第四，教材编写采取新的模式，注重激发学生的学习兴趣，引导学生自主学习。教材编写中制作和拍摄了大量高质量的图片，避免大段文字的罗列，实训教材采用图表化的编写体例，符合学生的认知规律。

第五，本套教材配套开发了完善的教辅资源，包括习题册、教学参考书、多媒体教学课件等。

本套教材的编写得到了广东、广西、山东、山西、江苏、河北、陕西、四川、内蒙古等省（自治区）人力资源和社会保障部门，以及众多职业技术学校的支持和帮助，对此我们表示衷心的感谢。

人力资源和社会保障部教材办公室

2012 年 1 月

简　介

底盘是汽车的重要组成部分，掌握其基本的拆装与维修技能是十分重要的。本书为实训教材，通过设置典型的实训项目，锻炼学生的动手能力和职业素养，为后续专业课程的学习奠定扎实的基础。全书分为底盘总体构造认识和举升机的使用、制动系的拆装与检修、行驶系的拆装与检修、转向系的拆装与调整、传动系的拆装与调整、手动变速器的拆装与检修六个课题，采用大量高质量的图片详细讲解作业内容，对于学生操作技能的培养具有较好的效果。各项目后配有评价环节，便于学生总结和提高。

本书由刘锋主编，施保连副主编，杭晓林、张弛、陈晓林、吴会成参加编写；郝风伦审稿。

目　录

课题一　底盘总体构造认识和举升机的使用

任务 1　汽车底盘总体构造认识

实训目标：

1. 了解底盘的功用和组成。
2. 能说出底盘各部件的名称。

实训设备：

1. 桑塔纳 2000 轿车或其他轿车 1 辆。
2. 汽车维修手册 1 套，系统挂图、图册若干。

一、汽车底盘的结构

汽车底盘的作用是支撑、安装汽车发动机及其各部件总成，形成汽车的整体造型，并接受发动机的动力，使汽车产生运动，保证正常行驶。

底盘由传动系、行驶系、转向系和制动系四大部分组成。

汽车底盘

二、传动系

1. 作用

将发动机发出的动力传给汽车的驱动车轮，产生驱动力，使汽车能以一定速度行驶。传动系具有减速、变速、倒车、中断动力、轮间差速和轴间差速等功能，与发动机配合工作，能保证汽车在各种工况条件下正常行驶，并具有良好的动力性和经济性。

2. 组成

传动系主要由离合器、变速器、万向传动装置和驱动桥组成。

（1）万向传动装置由万向节和传动轴组成。

（2）驱动桥由主减速器和差速器组成。

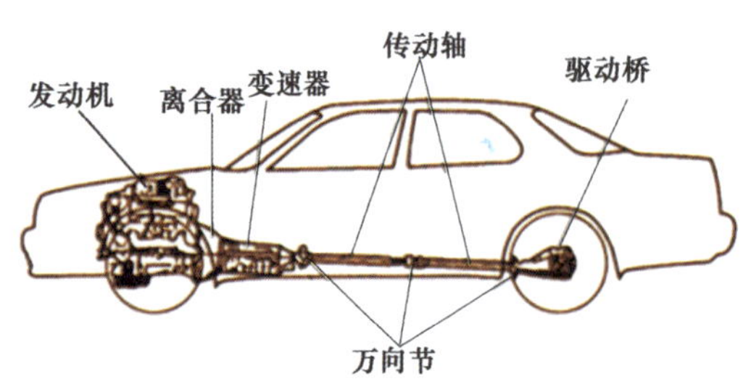

机械式传动系统的组成及布置示意图

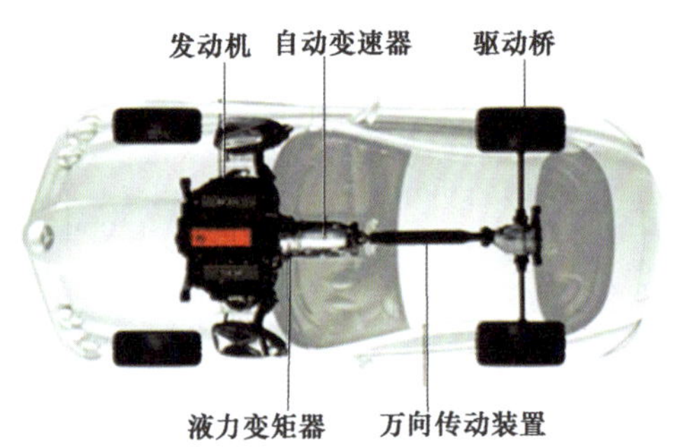

液力机械式传动系统的组成及布置示意图

三、行驶系

1. 作用

接受由发动机经传动系传来的转矩，并通过驱动轮与路面的附着作用，产生驱动力，以保证汽车正常行驶；传递并承受路面作用于车轮上的各项反作用力及其所形成的力矩；尽可能地缓和不平路面对车身造成的冲击和振动，保证汽车行驶平顺。

2. 组成

行驶系由车架、车桥、车轮、悬架等组成。

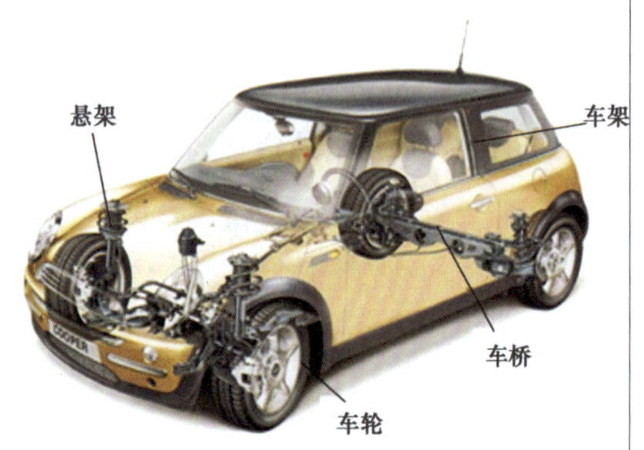

行驶系的组成

四、转向系

1. 作用

保证汽车能够按照驾驶员选择的方向行驶。

2. 组成

转向系由转向操纵机构（转向盘）、转向器和转向传动机构三大部分组成。

五、制动系

1. 作用

使行驶中的汽车按照驾驶员的要求进行强制减速、停车，使已停驶的汽车在各种道路条件下稳定驻车。

2. 组成

制动系由供能装置、控制装置、传动装置和制动器四部分组成。

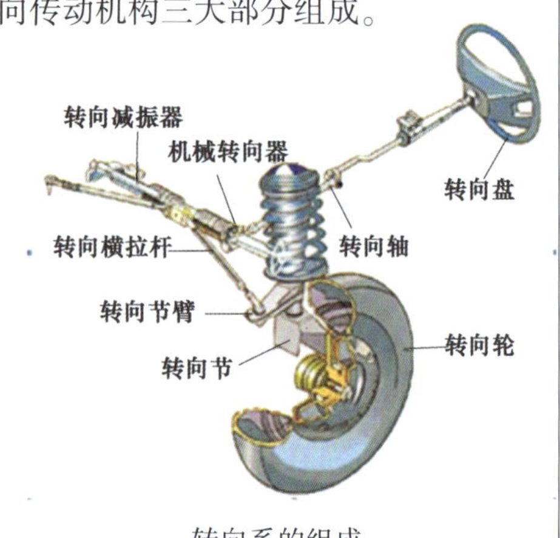

转向系的组成

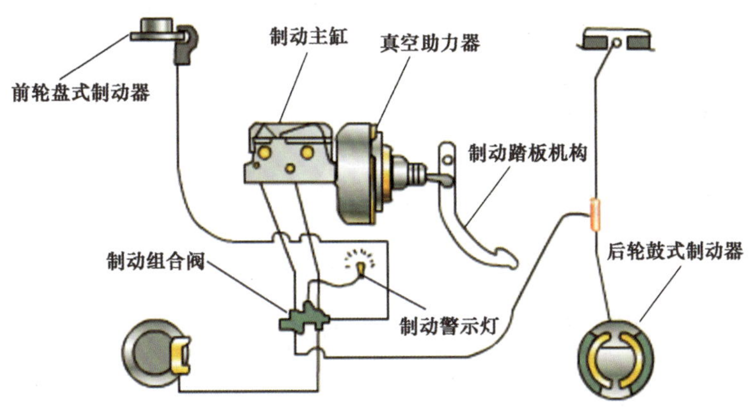

制动系的组成

六、桑塔纳 2000 底盘的技术参数

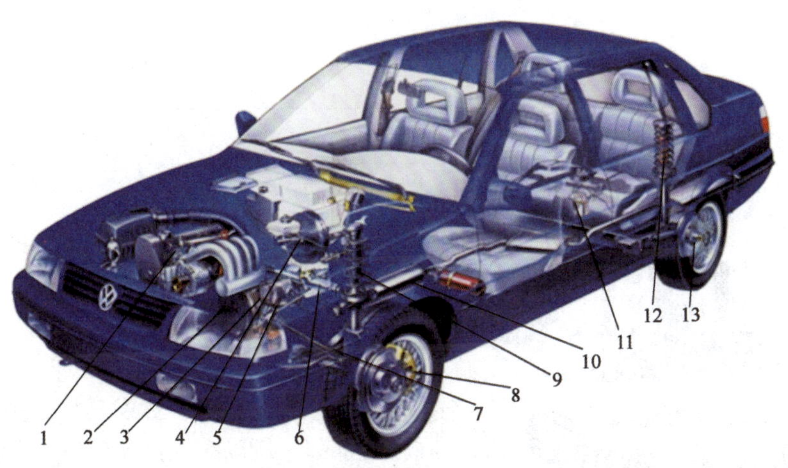

桑塔纳 2000 轿车的底盘

1—AJR 发动机 2—离合器 3—变速器 4—真空助力器
5—防抱死制动系统（ABS） 6—动力转向器 7—传动轴 8—盘式制动器（前轮）
9—前悬架 10—排气系统 11—燃油箱 12—后悬架 13—鼓式制动器（后轮）

项　目	参　数	项　目	参　数
座位数	5 座	前轮距	1 414 mm
整备质量	1 120 kg	后轮距	1 422 mm
满载质量	1 540 kg	最小离地间隙（满载）	138 mm
总长	4 680 mm	最小转弯直径	11 m
总宽	1 700 mm	变速器类型	5 挡手动/自动
总高（空载）	1 423 mm	驱动方式	前置前驱
轴距	2 656 mm	轮胎规格	195/60 R14

实训报告：
1. 对照整车，说出底盘部分的零件名称。 2. 叙述传动系的作用及组成。 3. 叙述行驶系的作用及组成。 4. 叙述转向系的作用及组成。 5. 叙述制动系的作用及组成。

任务 2　举升机的使用

<table>
<tr><td colspan="2">实训目标：</td></tr>
<tr><td colspan="2">1. 掌握举升机的使用方法。
2. 掌握使用举升机的注意事项。
3. 了解举升机的种类。</td></tr>
<tr><td colspan="2">实训设备：</td></tr>
<tr><td colspan="2">举升机 1 台，轿车 1 辆。</td></tr>
<tr><td colspan="2">技能训练：</td></tr>
<tr><td colspan="2">一、举升前检查</td></tr>
<tr><td></td><td>1. 检查车辆停放位置。
（1）检查车辆前后位置。
提示：
◆因一般轿车是前置发动机，整车质量集中在车辆前部，所以车辆停放时需稍稍靠后，即汽车前后轮间距的中心位于举升机立柱靠后 20 ~ 30 cm。</td></tr>
<tr><td></td><td>（2）检查车辆两侧位置。
提示：
◆车辆两侧与立柱的间距应大致相等。</td></tr>
</table>

2. 检查举升机。

（1）检查立柱固定螺栓是否牢固。

（2）检查油管接头是否渗漏。

（3）检查提升臂和立柱有无裂纹、变形。

提示：

◆必要时可以进行空载试验。

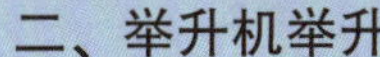

二、举升机举升

1. 安放提升臂。

提示：

◆将四个提升臂移至车辆下方，使垫块上的槽口与汽车底边上的规定支撑点对齐。

2. 检查提升臂安放位置。

提示：

◆按上升按钮，使提升臂上升至距离支撑点大概 10 mm 处停止，查看四个垫块的位置。

注意：

位置如有偏差，应作相应调整。

	3. 锁止提升臂。 提示： ◆提起提升臂的锁止装置，使其与提升臂上的轮齿相啮合。
	4. 再次检查提升臂安放位置。 提示： ◆按举升机上升按钮，使垫块受力后停止，再次查看垫块与车身的位置。 注意： 位置如有偏差，应作相应调整。
	5. 检查车身稳固情况。 提示： ◆当车轮离开地面 10 cm 左右时，轻推车身，检查车身稳固情况。 ◆检查车身是否偏斜。 注意： 如有异常，检查垫块、提升臂、车辆支撑位置等。
	6. 举升车辆至需要高度。 注意： 举升过程中密切注意举升机的运行状态，如有异常，及时停止。 确认立柱内的两个保险锁块到位后，方可进入车底进行作业。

三、举升机下降	
	1. 下降前检查。 提示： ◆检查举升机下面有无修理人员或其他障碍物。
	2. 解除保险装置。 提示： ◆将举升机上升 50 mm 左右，拉出左右立柱内的锁块。
	3. 按下举升机下降手柄。 注意： ◆下降过程中密切注意举升机的运行状态，如有异常，及时停止。
	4. 收回提升臂。 提示： ◆待提升臂降至最低点后，收回提升臂。

两柱举升机使用注意事项：

1. 操作机构灵敏有效，液压系统不允许有爬行现象。
2. 除低保及小修项目外，其他烦琐、笨重作业不得在举升机上操作。
3. 提升臂不得频繁起落。
4. 支车时举升要稳，降落要慢。

5. 车辆在举升或下降的过程中，车底、提升臂上严禁有人。

6. 发现操作机构不灵，电动机不同步，提升臂不平或液压部分漏油，应及时报修，不得“带病”操作。

7. 作业完毕应清除杂物，打扫举升机周围以保持场地整洁。

8. 定期（半年）排除举升机油缸积水，并检查油量，油量不足应及时加注相同牌号的压力油，同时应检查润滑情况，以及举升机传动齿轮和缝条。

知识链接

举升机按照功能和形状不同，一般可分为两柱举升机、四柱举升机、剪式举升机三大类。

1. 两柱举升机的特点

两柱举升机是常用的专用机械举升设备，广泛应用于轿车等小型车的维修和保养。两柱举升机将汽车举升在空中的同时可以节省大量的地面空间，方便地面作业，但为了最大限度地节省材料，一般都去掉了底板，使立柱的扭力需要靠地面来抵消，所以对地基要求很高。

2. 四柱举升机的特点

四柱举升机是一种大吨位汽车或货车常用的专用机械举升设备，也适用于四轮定位，因为一般四柱举升机都有四轮定位挡位，通过锁止装置可对举升水平度进行精细调节，以确保水平。

3. 剪式举升机的特点

剪式举升机执行部分采用剪式叠杆形式，电力驱动机械传动机构，目前广泛用于大型车辆维修。其举升速度适中且不占用车坑位置，对于一些车型相对固定、工作强度大（如公共汽车）的修理领域无疑是最好的选择，而且由于结构简单、同步性好，一般常用作四轮定位仪的平台。

训 练 评 价

考核要求：

1. 正确使用举升机。
2. 在操作过程中出现的违规操作，应及时指正。
3. 符合安全文明生产的要求。

考核标准：

考评标准表——举升机的使用

考核时间	考 核 项 目	分值	评分标准与指导	评价结果
20 min	检查车辆停放位置	10	停放位置不当酌情扣分，并指正	
	举升前检查举升机	10	按要求酌情扣分，并指正	
	安放提升臂	10	按要求酌情扣分，并指正	
	检查提升臂安放位置	5	按要求酌情扣分，并指正	
	锁止提升臂	10	按要求酌情扣分，并指正	
	检查车身稳固情况	10	按要求酌情扣分，并指正	
	举升车辆	5	按要求酌情扣分，并指正	
	下降前检查	10	按要求酌情扣分，并指正	
	解除保险装置	10	按要求酌情扣分，并指正	
	下降车辆	5	按要求酌情扣分，并指正	
	收回提升臂	5	按要求酌情扣分，并指正	
	整理工具、清理现场	10	每项扣2分，扣完为止	
	遵守相关安全操作规范		因违规操作发生人身和设备事故，终止考核，成绩按0分计 超时每分钟扣2分，超时5 min终止考核	
	分数合计	100		

实训报告：

1. 两柱举升机举升前的检查项目有哪些？
2. 叙述举升机使用的注意事项。

课题二 制动系的拆装与检修

任务 1 前制动器的拆装与检修

实训目标：

1. 掌握拆卸和安装前制动器的操作步骤。
2. 掌握拆卸和安装前制动器的注意事项。
3. 了解前制动器的调整方法。
4. 了解前制动器的组成。

实训设备：

1. 桑塔纳 2000 实车 1 辆，举升机 1 台，零件车 1 台，工具车 1 台。
2. 常用工具 1 套，汽车专用工具 1 套，抹布若干。
3. 桑塔纳 2000 维修手册 1 套，相关挂图。

技能训练：

一、操作前准备工作	
	1. 将工位清理干净，准备好相关的工具、物品等。 提示： ◆培养良好的工作习惯，做好事前准备，有助于安全操作和提高工作效率。
	2. 将车辆停放在举升机规定位置，并安全固定。

二、拆卸前轮	
	1. 撬下车轮装饰罩。 提示： ◆动作不可粗暴，以防损坏装饰罩。
	2. 拧松制动盘锁紧螺母。 3. 拧松车轮四个固定螺栓。 提示： ◆逆时针方向对角拧松固定螺栓。 ◆车轮接触地面是为了防止拧松固定螺栓时，车轮跟随螺栓转动。 注意： 当螺栓无法松开时，可喷些除锈剂或换用力臂较长的扳手。
	4. 举升汽车。 提示： ◆将汽车举升至合适的高度。 注意： 举升后检查举升机保险装置，以防发生人身事故。
	5. 拆下车轮固定螺栓，取下轮胎。 提示： ◆用双手托住轮胎两侧。 注意： 取出轮胎时，应拿稳轮胎，以防轮胎掉落发生人身事故。

<table>
<tr><th colspan="2">三、拆卸左前制动器</th></tr>
<tr><td>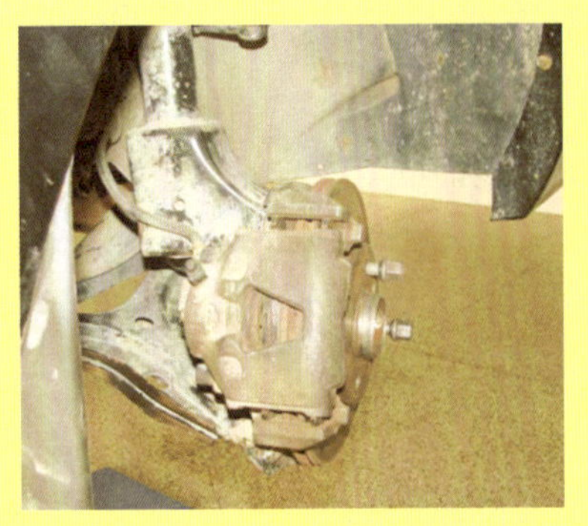</td><td>1. 将转向盘逆时针转至极限位置。
提示：
◆此步骤的目的是方便下步拆卸。</td></tr>
<tr><td></td><td>2. 拆卸制动定位弹簧。
提示：
◆拉出弹簧，手部力量不够时，可借用工具撬出。
注意：
不可用力过猛，以防损坏弹簧。</td></tr>
<tr><td>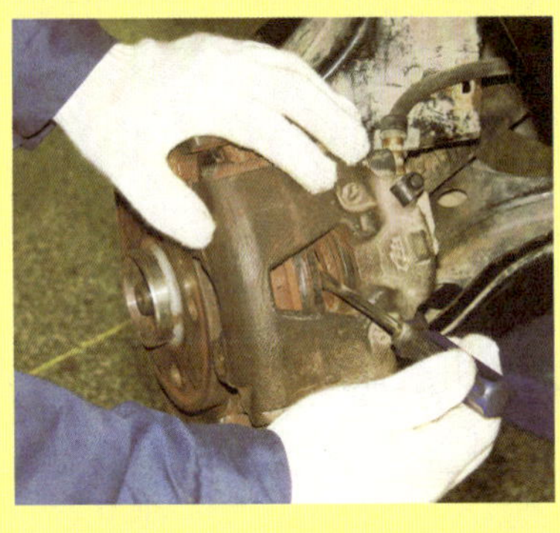</td><td>3. 将摩擦块和制动盘之间撬开一定间隙。</td></tr>
<tr><td>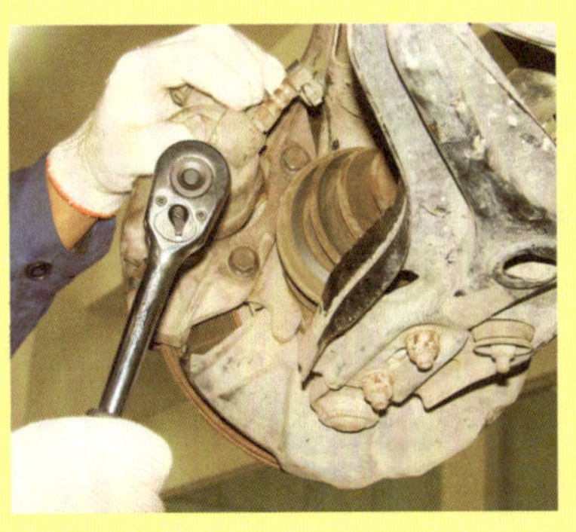</td><td>4. 拆卸制动钳壳体紧固螺栓。
提示：
◆上下各有一个紧固螺栓。</td></tr>
</table>

	5. 取下制动钳壳体。
	6. 从壳体上取下制动摩擦块。 提示： ◆制动摩擦块表面不可沾染油污，以免导致制动器打滑。
	7. 拆下制动管路，把制动钳活塞压回制动钳壳体内。
	8. 将制动钳悬挂于车架上。

<table>
<tr><td>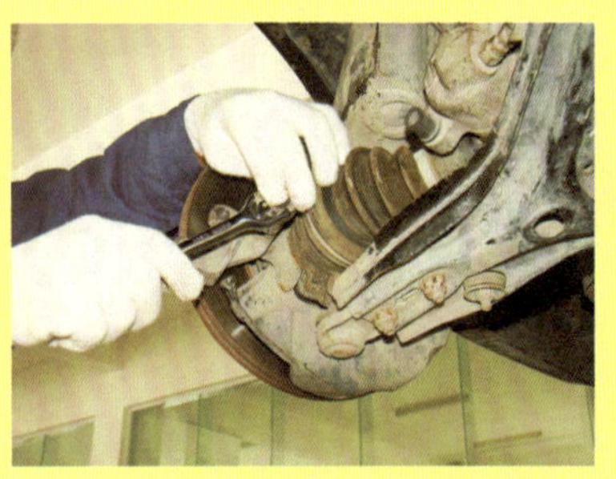</td><td>9. 拆卸制动钳支架固定螺栓，取下制动钳支架。
提示：
◆该固定螺栓拆卸后不可重复使用，需更换。</td></tr>
<tr><td></td><td>10. 拆卸制动盘固定螺钉。
11. 拆卸制动盘锁紧螺母。</td></tr>
<tr><td></td><td>12. 取下制动盘。
提示：
◆右前制动器的拆卸方法与左侧相同。</td></tr>
<tr><td colspan="2">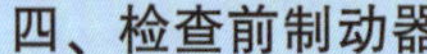
四、检查前制动器</td></tr>
<tr><td>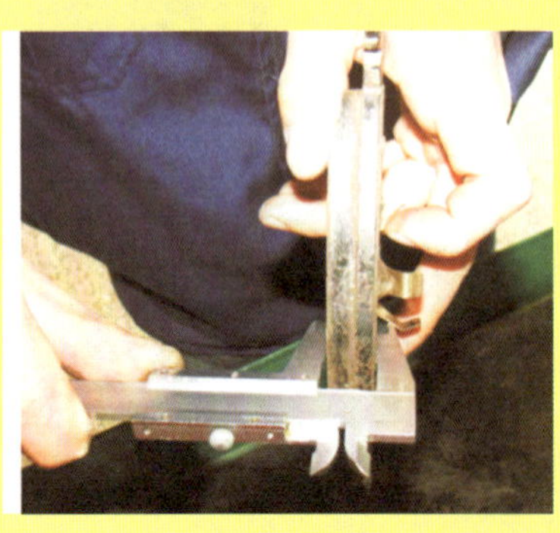</td><td>1. 检查制动摩擦块厚度。
提示：
◆磨损极限为 7 mm（包括底板）。
◆如果小于 7 mm，必须更换。</td></tr>
</table>

<table>
<tr><td></td><td>2. 检查制动盘厚度。
提示：
◆制动盘标准厚度为 20 mm，磨损极限为 17.8 mm。如果检查结果低于规定值，应更换。
◆制动盘表面如有裂纹等，必须更换。</td></tr>
<tr><td colspan="2">五、装复左前制动器</td></tr>
<tr><td></td><td>1. 安装制动盘。</td></tr>
<tr><td></td><td>2. 拧上制动盘固定螺钉和锁紧螺母。
提示：
◆需在安装好车轮，使车轮着地后再拧紧螺母。</td></tr>
<tr><td>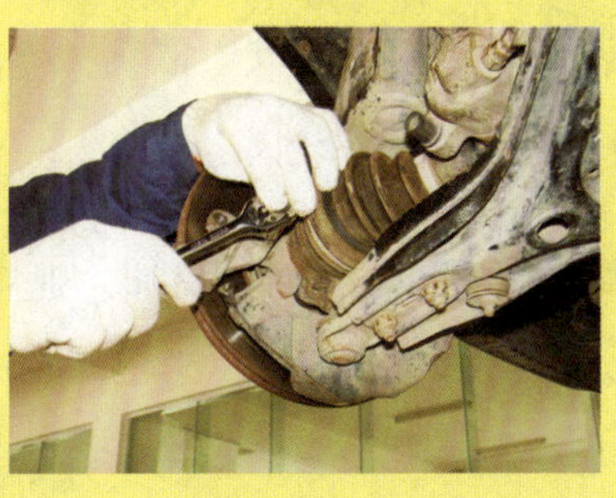</td><td>3. 装配制动钳支架。
提示：
◆该固定螺栓不可重复使用，需更换新品。
◆固定螺栓的拧紧力矩为 70 N·m。</td></tr>
</table>

	4. 安装摩擦块。 提示： ◆安装时注意摩擦块的方向。
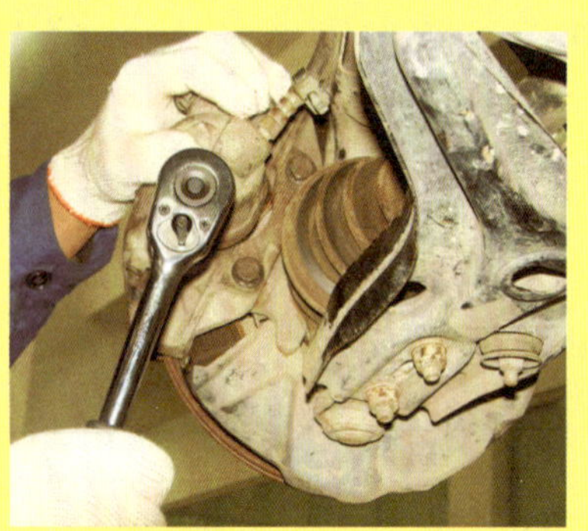	5. 安装制动钳壳体。 提示： ◆制动钳壳体紧固螺栓的拧紧力矩为 40 N·m。 6. 装复制动管路。
	7. 安装制动定位弹簧。 提示： ◆注意区分内外弹簧，不可装错。 ◆右前制动器的装配方法与左侧相同。 注意： 不可用力过猛，以防损坏弹簧。
六、装复前轮	
	1. 安装车轮，并旋上车轮固定螺栓。 提示： ◆检查螺纹有无损坏，如果损坏，则需更换。

	2. 转动车轮，检查制动有无拖滞现象。 提示： ◆如果有拖滞，检查驻车制动拉索回位情况。
	3. 放下车辆，使车轮接触地面，紧固车轮固定螺栓。 提示： ◆分 2 ~ 3 次对角紧固车轮固定螺栓。 ◆螺栓的拧紧力矩为 110 N · m。 4. 紧固制动盘锁紧螺母。 提示： ◆螺母的拧紧力矩为 230 N · m。 5. 装复车轮装饰罩。 提示： ◆动作不可粗暴，以防损坏装饰罩。

训练评价

考核要求：

1. 在规定的时间内完成前制动器的拆装与检修，使之符合技术标准。
2. 在操作过程中出现的违规操作，应及时指正。
3. 符合安全文明生产的要求。

考核标准：

考评标准表——前制动器的拆装与检修

考核时间	考 核 项 目	分值	评分标准与指导	评价结果
45 min	正确使用工具	10	工具使用不当酌情扣分，并指正	
	拆卸前轮	10	按要求酌情扣分，并指正	
	拆卸左前制动器	10	按要求酌情扣分，并指正	
	拆卸右前制动器	10	按要求酌情扣分，并指正	

续表

考核时间	考 核 项 目	分值	评分标准与指导	评价结果
45 min	检查前制动器	10	按要求酌情扣分，并指正	
	装复左前制动器	15	按要求酌情扣分，并指正	
	装复右前制动器	15	按要求酌情扣分，并指正	
	装复车轮	10	按要求酌情扣分，并指正	
	整理工具、清理现场	10	每项扣 2 分，扣完为止	
	遵守相关安全操作规范		因违规操作发生人身和设备事故，终止考核，成绩按 0 分计 超时每分钟扣 1 分，超时 10 min 终止考核	
	分数合计	100		

实训报告：

1. 叙述前制动器的拆装步骤。
2. 叙述前制动器的检查方法。

任务 2　后制动器的拆装与检修

实训目标：

1. 掌握在实车上拆卸和安装后制动器的操作步骤。
2. 掌握在实车上拆卸和安装后制动器的注意事项。
3. 了解后制动器的调整方法。
4. 了解后制动器的组成。

实训设备：

1. 桑塔纳 2000 实车 1 辆，举升机 1 台，零件车 1 台，工具车 1 台。
2. 常用工具 1 套，汽车专用工具 1 套，抹布若干。
3. 桑塔纳 2000 维修手册 1 套，相关挂图。

技能训练：

一、操作前准备工作

1. 将工位清理干净，准备好相关的工具、物品等。

提示：

◆培养良好的工作习惯，做好事前准备，有助于安全操作和提高工作效率。

2. 将车辆停放于举升机规定位置，并安全固定。

提示：

◆将车辆停放于举升机中间位置，防止车辆侧翻。

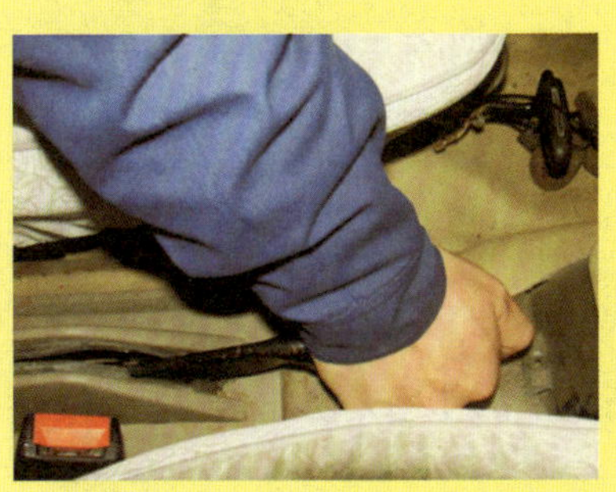

3. 松开驻车制动器。

注意：

后轮应能自由转动，以便于制动器拆卸。

二、拆卸后轮

按照拆卸前轮的方法拆卸后轮。

三、拆卸左后制动器

1. 拆卸轮毂盖。

提示：

◆需要专用工具拆卸。

	2. 拆卸开口销。 提示： ◆开口销的作用是防止螺母松动。 ◆开口销不可重复使用。
	3. 取出螺母防松罩。 提示： ◆螺母防松罩的作用是防止螺母松动。
	4. 拆卸车轮轴承调整螺母。 提示： ◆调整螺母的作用是调整轮毂轴承的预紧度。
	5. 取出止推垫圈。 注意： 防止垫圈碰坏轴螺纹。

	6. 拉出制动鼓及外轴承。 注意： 拉出时注意防止轮毂轴承、制动鼓落地。
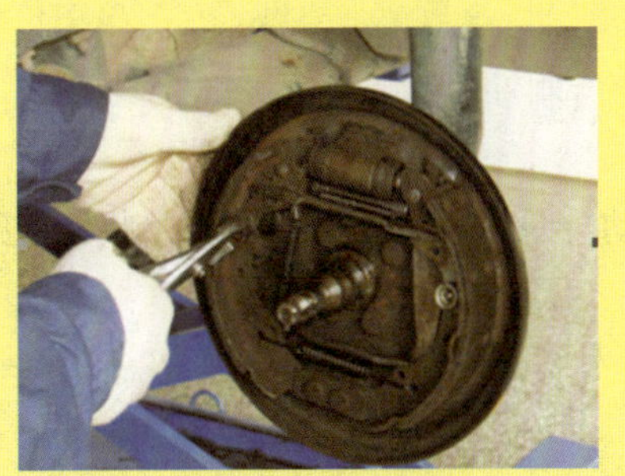	7. 拆卸稳定弹簧座圈，并取下稳定弹簧。 注意： 不可用力过猛，以防损坏弹簧。
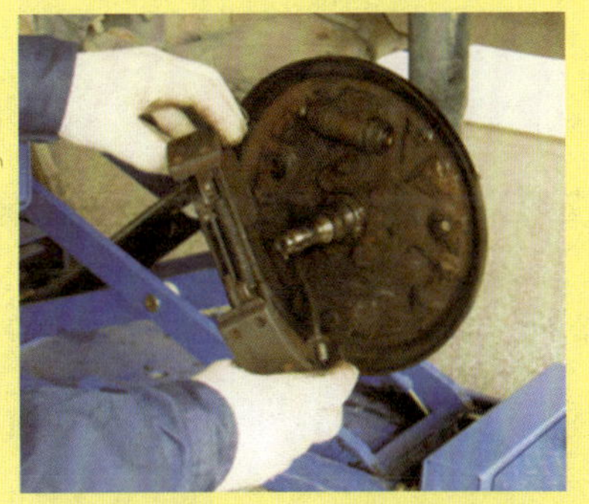	8. 拉出制动蹄总成。 注意： 不可将油污沾染到制动蹄工作面上，以避免制动打滑。
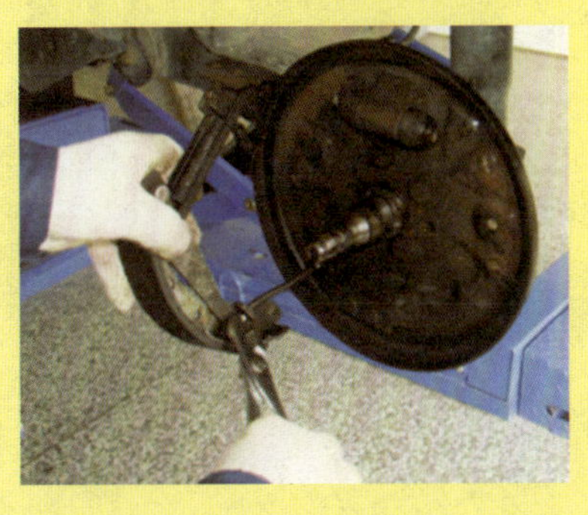	9. 拆下制动杆上的驻车制动拉索，取下制动蹄总成。 注意： 用钳子取驻车制动拉索时，避免损坏拉索铆钉。

	10. 拆下后制动分泵进油管。 提示： ◆注意防止液压油滴漏，污染场地。
	11. 拆卸后制动分泵。 提示： ◆后制动分泵的两个固定螺栓在制动底板的背面。
四、分解制动蹄总成	
	1. 取下楔形调节块和楔形调节块拉力弹簧。 注意： 拆卸弹簧时，防止弹簧弹出伤人。
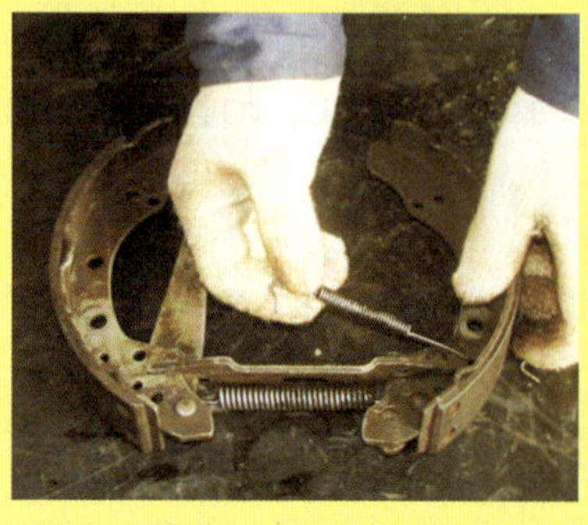	2. 取下外弹簧。 注意： 防止弹簧变形。

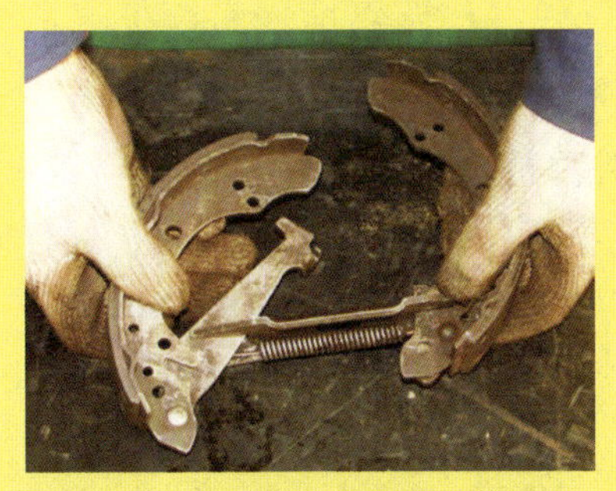	3. 卸下制动蹄片。
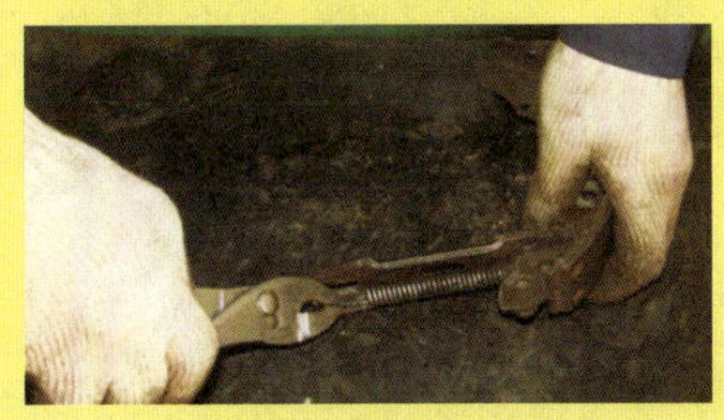	4. 取下内弹簧及驻车制动推杆。 注意： 弹簧不宜拉伸太长，以防变形。
五、检查后制动器	
	检查制动蹄片磨损情况。 提示： ◆厚度标准值为 5.00 mm（不包括底板）。 ◆磨损极限为 2.50 mm（不包括底板）。 ◆表面不可沾染油污，以免导致制动器打滑。
六、组装制动蹄总成	
	1. 装配楔形调节块及驻车制动推杆。 提示： ◆检查楔形调节齿磨损情况。
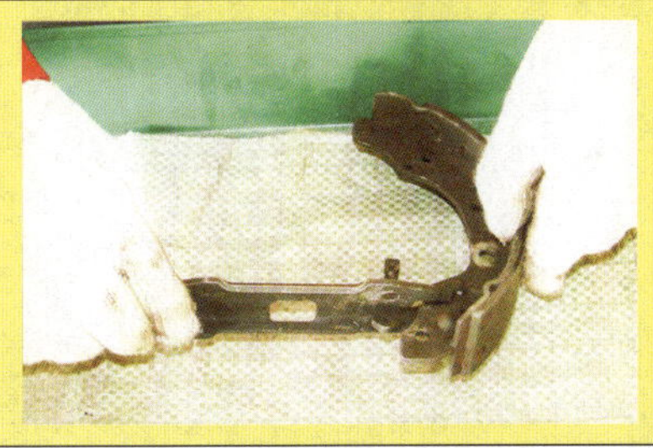	2. 将驻车制动推杆装在制动器上。 提示： ◆检查驻车制动推杆是否变形。

	3. 装配外弹簧。
	4. 用内弹簧连接制动蹄片。 提示： ◆检查内弹簧连接是否牢固。

七、装复左后制动器

按照拆卸左后制动器的相反顺序装配，步骤如下：

1. 装配后制动分泵并紧固固定螺栓。
2. 装配后制动分泵进油管。
3. 将驻车制动拉索装配于制动杆上。
4. 装配制动蹄总成。
5. 装配稳定弹簧和稳定弹簧座圈。

注意：

不可用力过猛，以防损坏弹簧。

6. 装配制动鼓及外轴承。

提示：

◆外轴承是锥形的，安装时锥形向内。

7. 装入止推垫圈。
8. 装配车轮轴承调整螺母。

提示：

◆将调整螺母拧紧后松开 90°。

◆调整螺母的作用是调整轮毂轴承的预紧度。

9. 安装螺母防松罩。

提示：

◆螺母防松罩的作用是防止螺母松动。

10. 装配开口销和轮毂盖。

提示：

◆开口销的作用是防止螺母松动。

◆开口销不可重复使用。

◆右后制动器的拆装方法与左后制动器相同。

八、装复后轮

按照拆卸后轮的相反顺序装复，步骤如下：

1. 安装车轮，并旋上车轮固定螺栓。
2. 转动车轮，检查制动有无拖滞现象。

提示：

◆如有拖滞现象，需调整楔形调节块或驻车制动拉索。

3. 放下车辆，使车轮接触地面，紧固车轮固定螺栓。

提示：

◆分 2 ~3 次对角紧固车轮固定螺栓。

◆螺栓的拧紧力矩为 110 N · m。

4. 装复车轮装饰罩。

提示：

◆动作不可粗暴，以防损坏装饰罩。

训练评价

考核要求：

1. 在规定的时间内完成后制动器的拆装与检修，使之符合技术标准。
2. 在操作过程中出现的违规操作，应及时指正。
3. 符合安全文明生产的要求。

考核标准：

考评标准表——后制动器的拆装与检修

考核时间	考 核 项 目	分值	评分标准与指导	评价结果
45 min	正确使用工具	10	工具使用不当酌情扣分，并指正	
	拆卸后轮	10	按要求酌情扣分，并指正	
	拆卸左后制动器	10	按要求酌情扣分，并指正	
	拆卸右后制动器	10	按要求酌情扣分，并指正	
	检查后制动器	10	按要求酌情扣分，并指正	
	装复左后制动器	15	按要求酌情扣分，并指正	

续表

考核时间	考 核 项 目	分值	评分标准与指导	评价结果
45 min	装复右后制动器	15	按要求酌情扣分，并指正	
	装复后轮	10	按要求酌情扣分，并指正	
	整理工具、清理现场	10	每项扣2分，扣完为止	
	遵守相关安全操作规范		因违规操作发生人身和设备事故，终止考核，成绩按0分计 超时每分钟扣1分，超时10 min终止考核	
	分数合计	100		

实训报告：

1. 叙述后制动器的拆装步骤。
2. 叙述后制动器的检查方法。

任务3　制动增压装置的拆装与检修

实训目标：

1. 掌握拆卸和安装制动增压装置的操作步骤。
2. 掌握拆卸和安装制动增压装置的注意事项。
3. 了解制动增压装置的检查方法。

实训设备：

1. 桑塔纳2000实车1辆，举升机1台，零件车1台，工具车1台。
2. 常用工具1套，汽车专用工具1套，抹布若干。
3. 桑塔纳2000维修手册1套，相关挂图。

技能训练：

一、操作前准备工作

1. 将工位清理干净，准备好相关的工具、物品等。

2. 拆卸蓄电池前，对带有故障自诊断功能的车辆，用故障诊断仪读取故障代码，防止故障代码和有关资料信息丢失。

提示：

◆养成良好的工作习惯，做好事前准备，有助于安全操作和提高工作效率。

<table>
<tr><td></td><td>3. 拆卸蓄电池负极接线。
提示：
◆使负极接线可靠离开蓄电池负极柱。</td></tr>
<tr><td colspan="2">二、拆卸制动器外围附件</td></tr>
<tr><td></td><td>1. 拔下制动液液面高度报警器连接导线。
注意：
施力点在连接导线头部插件上，防止拉断导线。</td></tr>
<tr><td></td><td>2. 拆下两根连接硬管。
提示：
◆用 13 mm 开口扳手拆卸。</td></tr>
<tr><td></td><td>3. 拆卸真空管。
提示：
◆拧松真空橡皮管的卡箍和管接头，拔下真空管。</td></tr>
</table>

	4. 拆卸离合器输油软管。 提示： ◆回收制动液，以备下次使用。
三、拆卸中央继电器盒	
	1. 拆下仪表板左下方小杂物箱。 提示： ◆需先取出小杂物箱中的物品。
	2. 拆下仪表板左下方护罩。 注意： 拆卸时注意护罩上的线路，防止损坏。
	3. 拆卸中央继电器盒。 提示： ◆用旋具先拆卸继电器盒下方的固定螺栓。

<table>
<tr><th colspan="2">四、拆卸制动总泵和助力器组件</th></tr>
<tr><td></td><td>1. 拆卸制动踏板保险锁片。
提示：
◆可以用旋具将保险锁片向外撬动。</td></tr>
<tr><td></td><td>2. 取下推力杆上的销子。
提示：
◆用右手轻轻压下制动踏板。</td></tr>
<tr><td></td><td>3. 移开推力杆。</td></tr>
<tr><td></td><td>4. 拆卸真空助力器固定螺母。
提示：
◆此处共 4 个 M8 螺母。</td></tr>
</table>

	5. 取出制动总泵和助力器组件。 提示： ◆取出时切不可用力过猛，以免损坏周围附件。
五、分解制动总泵和助力器组件	
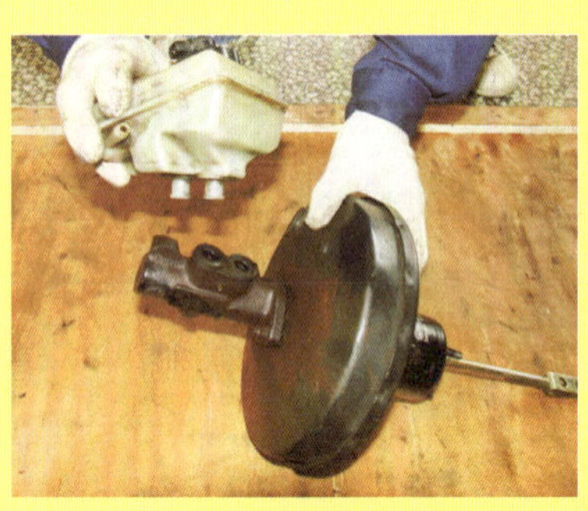	1. 取下制动液储液罐。 提示： ◆向外拔出制动液储液罐。
	2. 拆卸制动总泵固定螺母。 提示： ◆此处共 2 个 M8 螺母。
	3. 取出制动总泵和制动总泵密封圈。 注意： 切不可损坏螺纹。

六、组装制动总泵和助力器组件	
	1. 检查制动总泵密封圈。 提示： ◆如发现破损，需更换新品。
	2. 装配制动总泵。 （1）将制动总泵安装到位。
	（2）紧固制动总泵固定螺母。 提示： ◆螺母的拧紧力矩为 20 N·m。
	3. 安装制动液储液罐。 提示： ◆检查储液罐密封圈，如果损坏应更换。

七、装配制动总泵和助力器组件

按照拆卸制动总泵和助力器组件的相反顺序进行装配，步骤如下：

1. 安装制动总泵和助力器组件。
2. 紧固真空助力器固定螺母。

提示：

◆螺母的拧紧力矩为 15 N·m。

3. 将推力杆装在制动踏板上。
4. 装配推力杆上的销子。
5. 装配制动踏板保险锁片。

八、装配中央继电器盒

按照拆卸中央继电器盒和仪表板下护罩的相反顺序进行装配，步骤如下：

1. 装配中央继电器盒。
2. 装配仪表板左下方护罩。
3. 装配仪表板左下方小杂物箱。

九、装配制动器外围附件

	1. 装配真空管和连接硬管。 提示： ◆在真空管端部抹上少许润滑脂，防止损坏密封圈。
	2. 装配制动液液面高度报警器连接导线。
	3. 装配离合器输油软管。 提示： ◆检查软管上是否有裂纹，如果有裂纹需更换。

	4. 加注制动液。 提示： ◆将制动液加至合适高度。
	5. 装配蓄电池负极接线。 提示： ◆检查负极接线柱是否锈蚀、氧化，如有需修复。
十、制动系统排气	
	1. 将白色软管插在前轮放气螺钉上。
	2. 反复踩动制动踏板。 提示： ◆用力踩制动踏板几次，并保持此力踩到底。

	3. 打开前轮放气螺钉，使油路中的空气排出后再拧紧前轮放气螺钉。 提示： ◆重复以上两个步骤，直至油液里没有空气排出。 注意： 随时观察制动液储液罐的液面高度，如有缺少，及时补充制动液。
	4. 将白色软管插在后轮放气螺钉上。
	5. 反复踩动制动踏板。 提示： ◆用力踩制动踏板几次，并保持此力踩到底。
	6. 打开后轮放气螺钉，使油路中的空气排出后再拧紧后轮放气螺钉。 提示： ◆重复以上两个步骤，直至油液里没有空气排出。 注意： 随时观察制动液储液罐的液面高度，如有缺少，及时补充制动液。

十一、检查制动助力器

1. 发动机熄火后，用力踩动制动踏板若干次，这样可消除助力器中残留的真空度。

2. 用适中的力踩动制动踏板，并使它停留在制动位置上，然后起动发动机。

提示：

◆制动踏板的位置应有下降的趋势，表明助力器在起作用，真空助力器性能良好。

训练评价

考核要求：

1. 在规定的时间内完成制动增压装置的拆装与检修，使之符合技术标准。
2. 在操作过程中出现的违规操作，应及时指正。
3. 符合安全文明生产的要求。

考核标准：

考评标准表——制动增压装置的拆装与检修

考核时间	考 核 项 目	分值	评分标准与指导	评价结果
45 min	正确使用工具	10	工具使用不当酌情扣分，并指正	
	拆卸制动器外围附件	10	按要求酌情扣分，并指正	
	拆卸中央继电器盒	10	按要求酌情扣分，并指正	
	拆卸制动总泵和助力器组件	10	按要求酌情扣分，并指正	
	分解和组装制动总泵和助力器组件	10	按要求酌情扣分，并指正	
	装配制动总泵和助力器组件	10	按要求酌情扣分，并指正	
	装配中央继电器盒	10	按要求酌情扣分，并指正	
	装配制动器外围附件	10	按要求酌情扣分，并指正	
	制动系统排气	10	按要求酌情扣分，并指正	
	整理工具、清理现场	10	每项扣 2 分，扣完为止	
	遵守相关安全操作规范		因违规操作发生人身和设备事故，终止考核，成绩按 0 分计 超时每分钟扣 1 分，超时 10 min 终止考核	
	分数合计	100		

实训报告：

1. 叙述制动增压装置的拆装步骤。
2. 叙述制动增压装置的检查方法。

任务4　驻车制动装置的拆装与调整

实训目标：

1. 掌握在实车上拆卸和安装驻车制动装置的操作步骤。
2. 掌握在实车上拆卸和安装驻车制动装置的注意事项。
3. 掌握驻车制动装置的调整方法。

实训设备：

1. 桑塔纳2000实车1辆，举升机1台，零件车1台，工具车1台。
2. 常用工具1套，汽车专用工具1套，抹布若干。
3. 桑塔纳2000维修手册1套，相关挂图。

技能训练：

一、操作前准备工作	
	将工位清理干净，准备好相关的工具、物品等。 提示： ◆养成良好的工作习惯，做好事前准备，有助于安全操作和提高工作效率。
二、拆卸驻车制动装置	
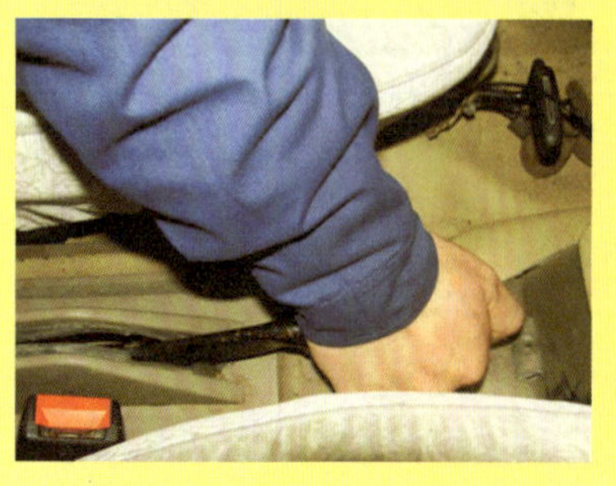	1. 松开驻车制动器。 提示： ◆将驻车制动操纵杆放至最低。

	2. 举升汽车。 提示： ◆将车辆举升至适当高度。 注意： 确认举升机安全保险后，方可进入车下作业。
	3. 拧松驻车制动拉索调整螺母，并取下拉索。 提示： ◆使用 10 mm 扳手。
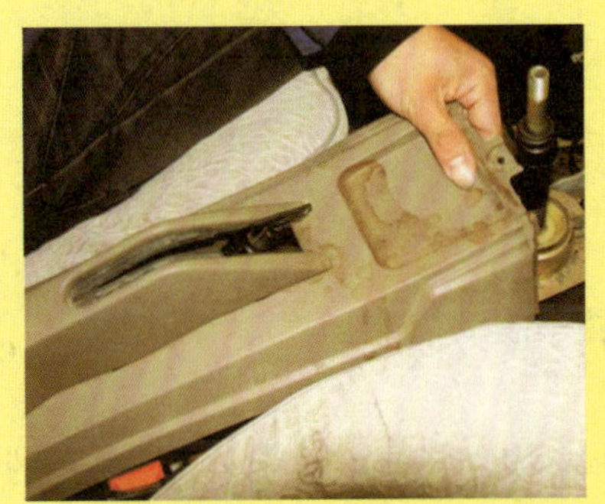	4. 将提升臂下降至地面，拆卸驻车制动操纵杆护板。
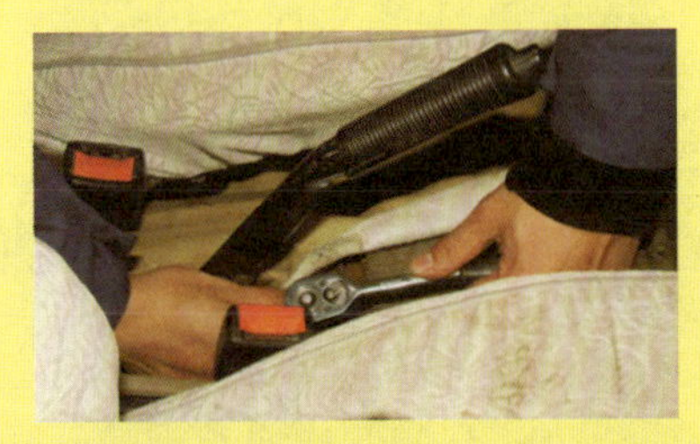	5. 拆卸驻车制动操纵杆固定螺栓，并取出操纵杆总成。
	6. 举升汽车至合适高度，拆卸后轮制动鼓和制动蹄总成。 提示： ◆操作步骤参照课题二任务 2。

	7. 拆卸后制动器内驻车制动拉索。 提示： ◆左右后轮上都有驻车制动拉索，拆卸方法相同。
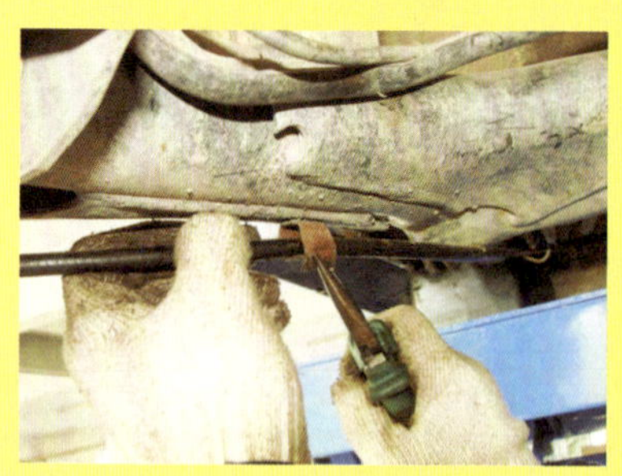	8. 拆卸固定拉索卡子。
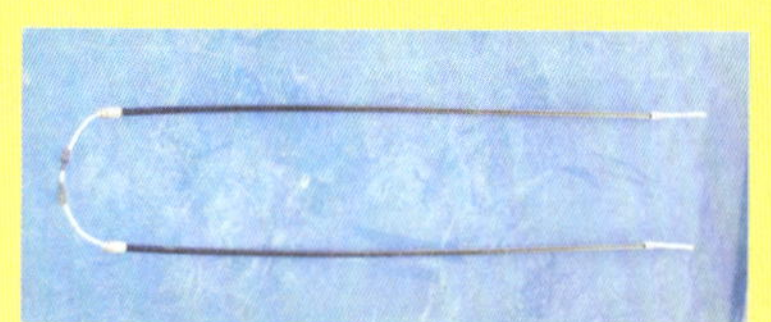	9. 取出驻车制动拉索。 提示： ◆检查拉索是否损坏、套管是否开裂，如有需更换。
三、装配驻车制动装置	
	1. 装配驻车制动拉索。 提示： ◆左右后轮上都有驻车制动拉索，装配方法相同。

	2. 装配驻车制动拉索调整螺母。 注意： 清洁螺纹部分，使螺母转动灵活。
	3. 装配固定拉索卡子。
	4. 装配后轮制动鼓和制动蹄总成。 提示： ◆操作步骤参照课题二任务 2。
	5. 装配驻车制动操纵杆总成。 提示： ◆拧紧力矩为 10 ~ 15 N · m。

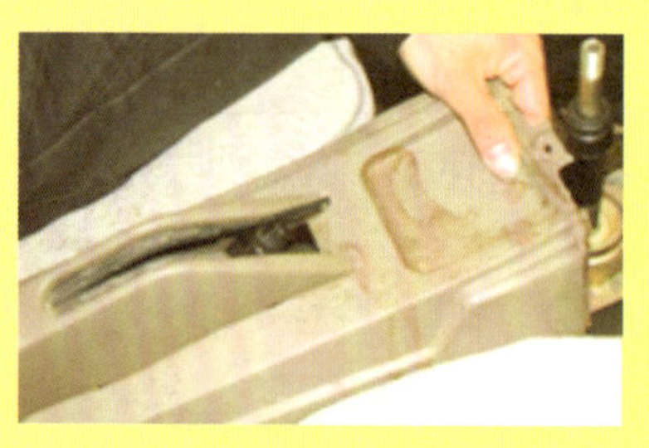	6. 装配驻车制动操纵杆护板。
四、调整驻车制动装置	
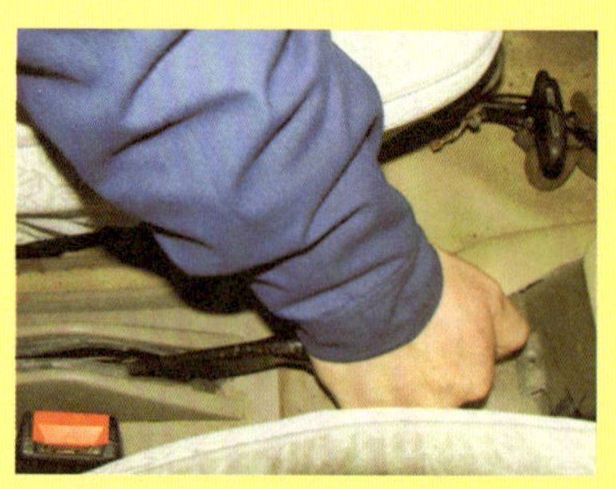	1. 松开驻车制动器。 提示： ◆先向上拉，然后用大拇指按下手柄上的锁止按钮。
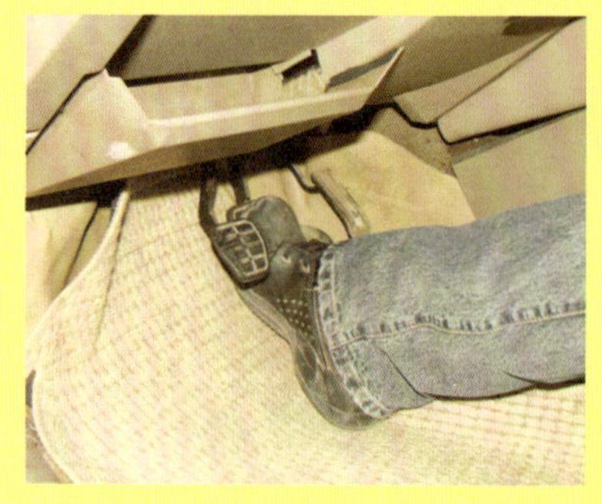	2. 将制动踏板踩至最低。 提示： ◆需连续踩 2 ~3 次。
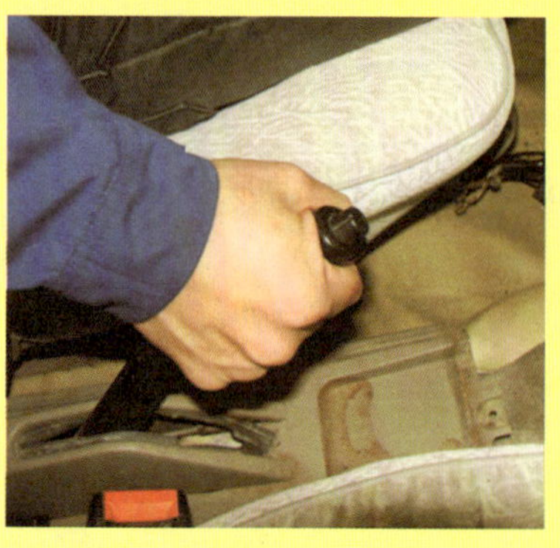	3. 把驻车制动操纵杆拉紧两齿。 提示： ◆应听到拉动时发出“嗒嗒”两声。

	4. 紧固调整螺母。 提示： ◆直到用手不能旋转两个被制动的后轮为止。
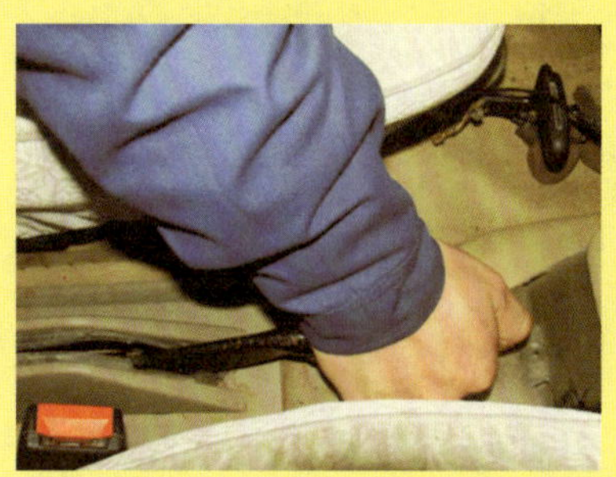	5. 松开驻车制动器。
	6. 松开制动踏板。
	7. 检查左右后轮。 提示： ◆用手旋转左右后轮，车轮应运转灵活，无卡滞现象。

知识链接

每两年必须更换一次制动液；如果不到两年，但行驶里程超过 50 000 km 也需全部更换制动液。

制动液有毒性和强腐蚀性，不可与油漆接触。

制动液具有吸湿性，即它能吸收周围空气中的水分，因此，制动液应存放在密闭的容器内。

训练评价

考核要求：

1. 在规定的时间内完成驻车制动器的拆装与调整，使之符合技术标准。
2. 在操作过程中出现的违规操作，应及时指正。
3. 符合安全文明生产的要求。

考核标准：

考评标准表——驻车制动器的拆装与调整

考核时间	考核项目	分值	评分标准与指导	评价结果
45 min	正确使用工具	10	工具使用不当酌情扣分，并指正	
	拆卸驻车制动操纵杆总成	15	按要求酌情扣分，并指正	
	拆卸后轮制动鼓和制动蹄总成	10	按要求酌情扣分，并指正	
	拆卸驻车制动拉索	10	按要求酌情扣分，并指正	
	装配驻车制动拉索	10	按要求酌情扣分，并指正	
	装配后轮制动鼓和制动蹄总成	15	按要求酌情扣分，并指正	
	装配驻车制动操纵杆总成	10	按要求酌情扣分，并指正	
	调整驻车制动装置	10	按要求酌情扣分，并指正	
	整理工具、清理现场	10	每项扣 2 分，扣完为止	
	遵守相关安全操作规范		因违规操作发生人身和设备事故，终止考核，成绩按 0 分计 超时每分钟扣 1 分，超时 10 min 终止考核	
	分数合计	100		

实训报告：

1. 叙述驻车制动器的拆装步骤。
2. 叙述驻车制动器的调整方法。

课题三 行驶系的拆装与检修

任务1 车轮动平衡

实训目标：

1. 能进行车轮动平衡操作。
2. 掌握车轮动平衡的注意事项。
3. 了解车轮不平衡所造成的后果。

实训设备：

1. 车轮1个，车轮动平衡机1台。
2. 常用工具1套，汽车专用工具1套，工具车1台，抹布若干。

技能训练：

一、操作前准备工作	
	清理车轮上的旧平衡块和轮胎花纹中的石子等杂物。 提示： ◆拆卸平衡块需要使用专用工具。
二、安装车轮，测量数据	
	1. 将车轮安装到动平衡机上。 提示： ◆选择合适的夹具固定车轮。

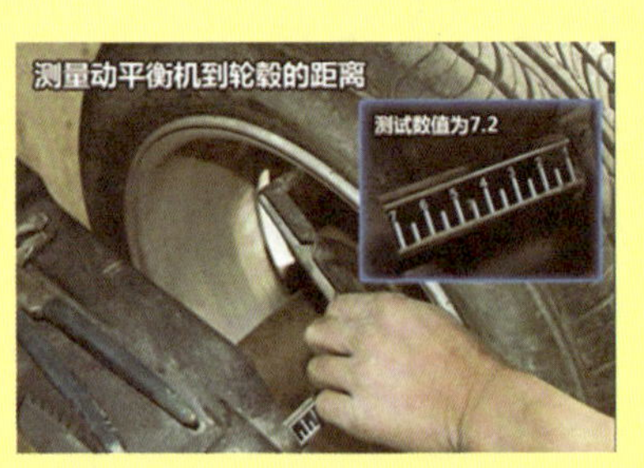	2. 测量动平衡机到轮毂的距离。
	3. 输入动平衡机到轮毂距离的数值。 提示： ◆将所测数据输入动平衡机。
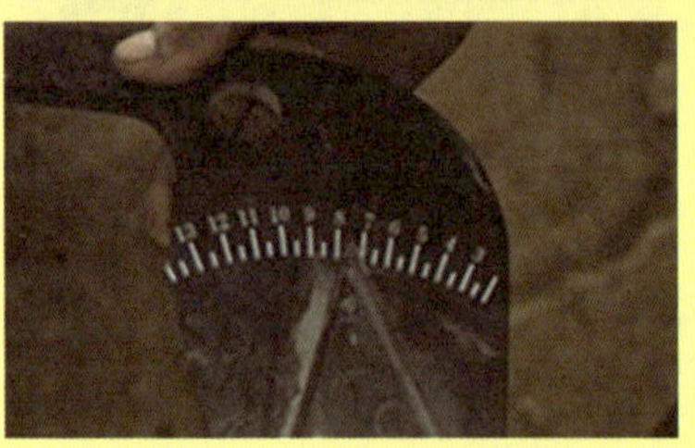	4. 测量轮辋宽度。 提示： ◆使用弯尺进行测量。
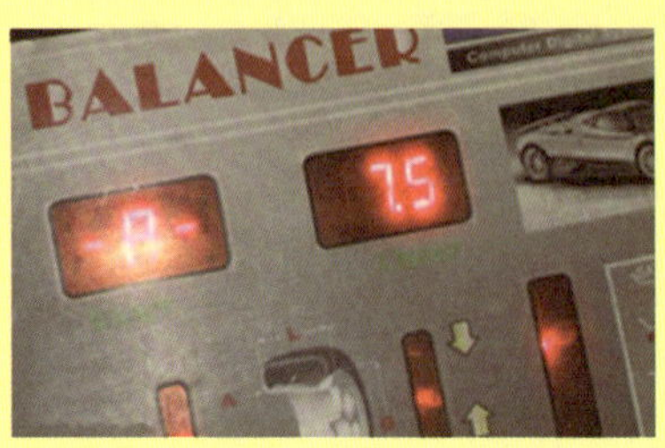	5. 输入轮辋宽度的数值。

	6. 查看轮毂尺寸。 提示： ◆该车型的轮胎型号为 205/55 R16 85 H。“205”表示轮胎断面宽度为 205 mm；“55”表示轮胎高宽比为 55%；“R”表示轮胎为子午线轮胎；“16”表示轮辋直径为 16 in；“85”表示轮胎的最大负荷为 515 kg；“H”表明该轮胎的速度级别，此轮胎最高时速为 210 km/h。
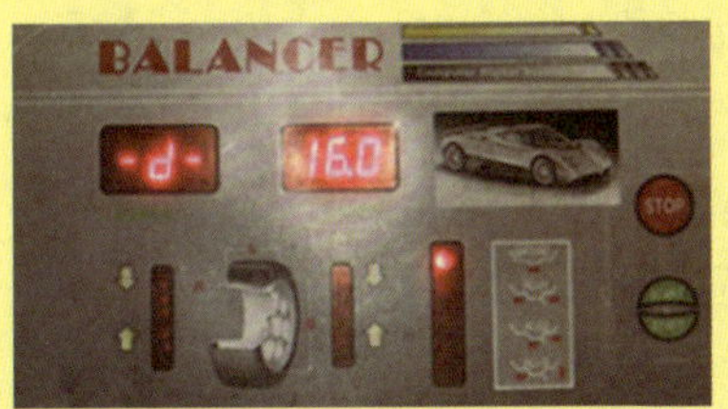	7. 输入轮毂尺寸的数值。
	8. 检查各项数据，准备按 START 键，进行测试。 提示： ◆箭头所标为 START 键。
三、进行动平衡测试	
	1. 按 START 键，开始动平衡测试。 提示： ◆测试完成之后，机器会自动停止。 注意： 测试时不可强制停止车轮旋转。人员不要靠近高速旋转的车轮，以防衣物等绞入车轮，发生事故。

 	2. 观察轮胎动平衡偏差。 提示： ◆当检测停止后，机器会测量出轮辋内外侧需要增加的平衡块质量（单位：g）。 ◆左侧是内侧偏差，右侧是外侧偏差。
四、补偿偏差	
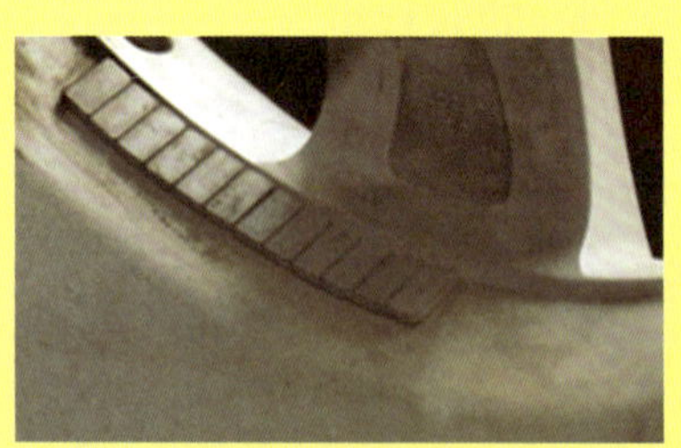	1. 补偿外侧偏差。 提示： ◆先进行外侧偏差补偿。 ◆仔细清洁轮毂后再贴平衡块。
	2. 补偿内侧偏差。 提示： ◆注意检查平衡块的安装是否牢固。
五、再次进行动平衡测试	
提示： ◆如出现偏差，再次进行偏差补偿，直至没有偏差。	
知识链接	
汽车的车轮是由轮胎、轮毂组成的一个整体。但由于制造上的原因，这个整体各部分的质量分布不可能非常均匀。当汽车车轮高速旋转起来后，就会形成动不平衡状态，造成车辆在行驶中车轮抖动、转向盘振动的现象。为了避免这种现象或是消除已经发生的这种现象，就要在动态情况下通过增加配重的方法，校正车轮各边缘部分的平衡。这个校正的过程就是人们常说的动平衡。	

轮胎应当定期用动平衡检测仪做动平衡检查。轮胎平衡分为动态平衡和静态平衡两种。动态不平衡会使车轮摇摆，令轮胎产生波浪状磨损；静态不平衡会产生颠簸和跳动现象，往往使轮胎产生平斑。因此，定期检测平衡不但能延长轮胎寿命，还能提高汽车行驶时的稳定性，避免在高速行驶时因轮胎摆动、跳动，失去控制而造成交通事故。一般新车行驶几万千米后，就需要做一次车轮动平衡，以保证车轮的技术要求。

训练评价

考核要求：

1. 在规定的时间内完成车轮动平衡调整，使之符合技术标准。
2. 在操作过程中出现的违规操作，应及时指正。
3. 符合安全文明生产的要求。

考核标准：

考评标准表——车轮动平衡调整

考核时间	考 核 项 目	分值	评分标准与指导	评价结果
20 min	清理车轮	10	按要求酌情扣分，并指正	
	安装车轮到动平衡机上	10	夹具选择不当扣 10 分	
	测量动平衡机到轮毂的距离	5	按要求酌情扣分，并指正	
	输入动平衡机与轮毂间距数值	5	按要求酌情扣分，并指正	
	测量轮辋宽度	5	按要求酌情扣分，并指正	
	输入轮辋宽度数值	5	按要求酌情扣分，并指正	
	输入轮毂尺寸的数值	5	按要求酌情扣分，并指正	
	进行动平衡测试	5	按要求酌情扣分，并指正	
	补偿偏差	20	按要求酌情扣分，并指正	
	再次进行动平衡测试	20	不进行再次检查，扣 20 分	
	整理工具、清理现场	10	每项扣 2 分，扣完为止	
	遵守相关安全操作规范		因违规操作发生人身和设备事故，终止考核，成绩按 0 分计 未将车轮动平衡偏差补偿至满足技术要求，成绩按 0 分计 超时每分钟扣 2 分，超时 5 min 终止考核	
	分数合计	100		

实训报告：

1. 叙述轮胎型号的识别方法。
2. 叙述车轮动平衡调整的操作方法。

任务 2　四轮定位

实训目标：

1. 掌握汽车四轮定位的操作步骤和注意事项。
2. 掌握汽车四轮定位的调整方法。
3. 了解汽车四轮定位不准确的危害。

实训设备：

1. 桑塔纳 2000 实车 1 辆，举升机 1 台，四轮定位检测仪 1 套，工具车 1 台。
2. 常用工具 1 套，抹布若干。
3. 桑塔纳 2000 维修手册 1 套，相关挂图。

技能训练：

一、操作前准备工作

1. 将车辆停放至规定位置。

2. 所有车轮的轮胎正确，尺寸相同，车轮钢圈无损伤和变形。

3. 胎压达到标准压力，花纹深度足够，且各轮胎的磨损基本一致。

4. 悬架系统状况良好。

5. 传动齿轮和转向杆间隙符合规定。

6. 正确加载总量（60 kg）。

7. 晃动车辆，使悬架系统正确回位。

提示：

◆以上各项必须符合要求，否则将导致测量结果不准确。

<table>
<tr><th colspan="2">二、安装夹具、传感器</th></tr>
<tr><td></td><td>1. 安装制动锁。</td></tr>
<tr><td></td><td>2. 装配轮胎夹具。
提示：
◆将夹具的四个爪子分别抓住轮辋的外侧，拧紧调节螺杆，使其固定。
注意：
安装后仔细检查是否安装牢固。</td></tr>
<tr><td></td><td>3. 安装传感器。
（1）将传感器安装到轮胎夹具外侧。</td></tr>
<tr><td></td><td>（2）将传感器调至水平位置并固定。
提示：
◆观察传感器上的水平仪，将传感器调至水平位置。
◆汽车 4 个车轮都需安装传感器，并调水平（方法和步骤相同）。
注意：
如果传感器水平位置调不准，将直接影响测量数据的准确性。</td></tr>
</table>

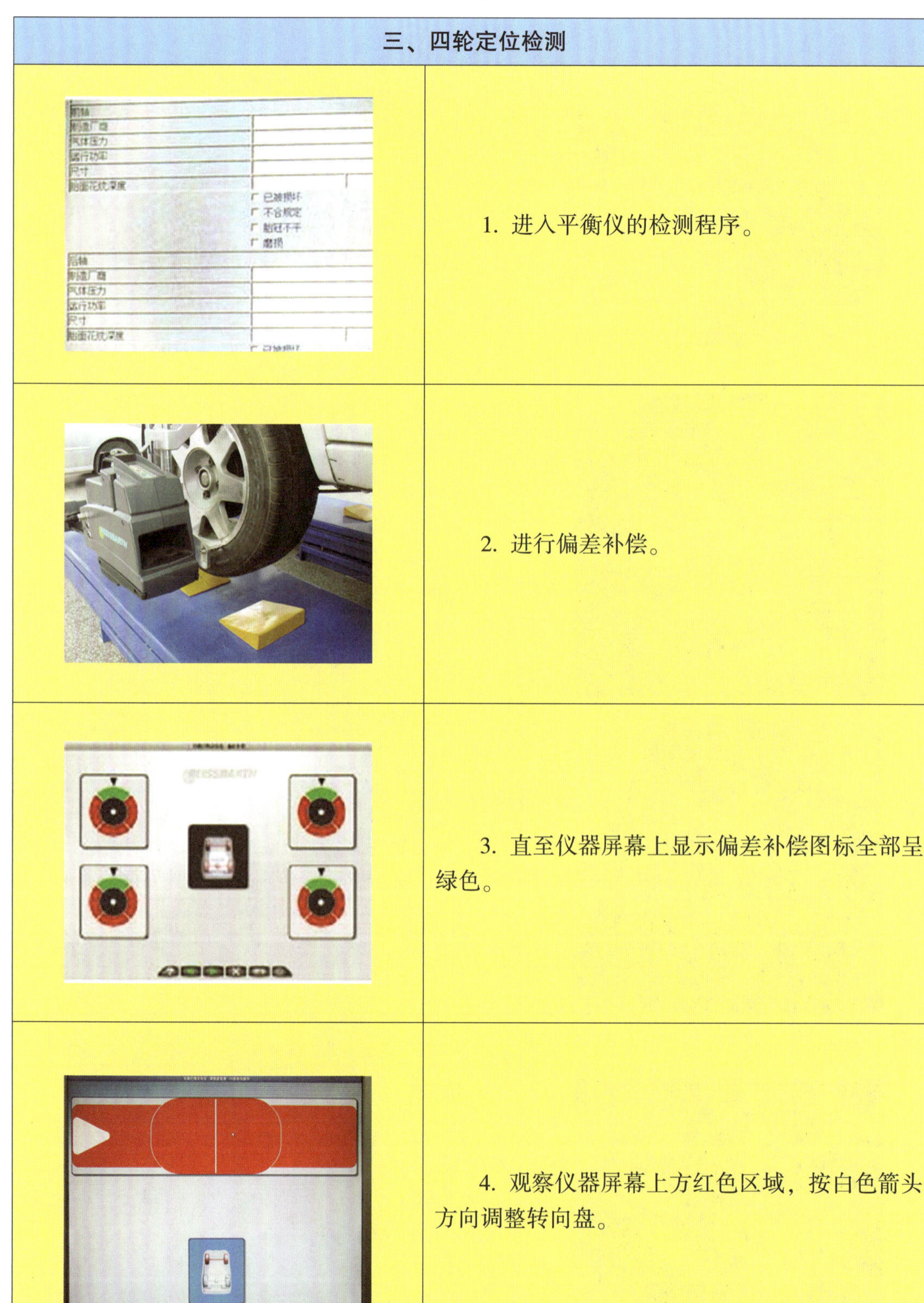

三、四轮定位检测	
	1. 进入平衡仪的检测程序。
	2. 进行偏差补偿。
	3. 直至仪器屏幕上显示偏差补偿图标全部呈绿色。
	4. 观察仪器屏幕上方红色区域，按白色箭头方向调整转向盘。

	5. 左右转动转向盘 20°。
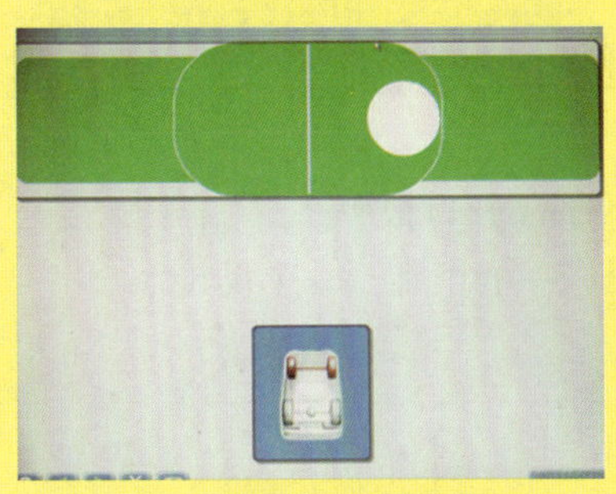	6. 当仪器屏幕上方红色区域变为绿色时，调整转向盘使白色圆球处于中间位置。
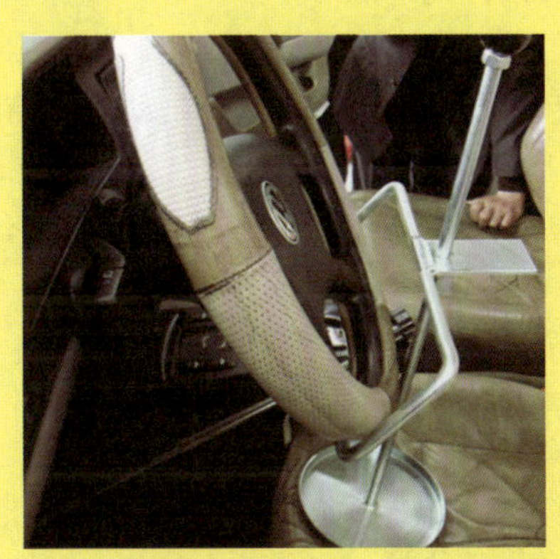	7. 安装转向盘锁，锁住转向盘。
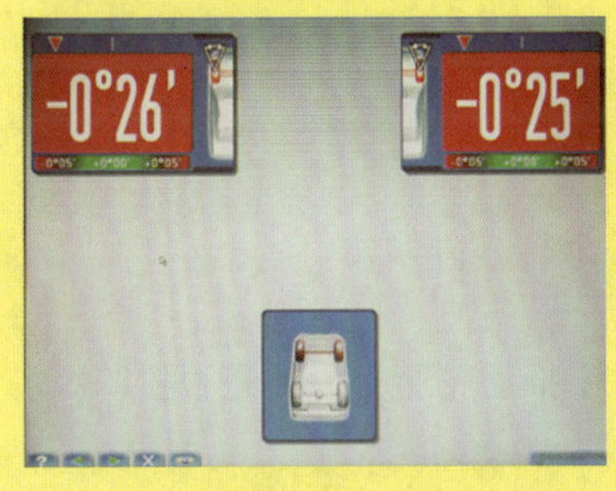	8. 仪器屏幕上方显示前轮的左右前束值。

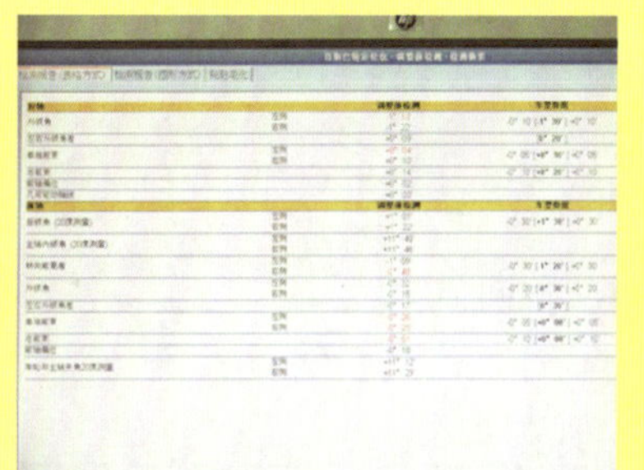

9. 对照标准参数。

提示：

◆如与标准参数有差别，需进行调整。

四、四轮定位调整

1. 松开横拉杆固定螺母。

提示：

◆使用 19 mm 开口扳手。

◆此处螺母一个正旋，一个反旋。

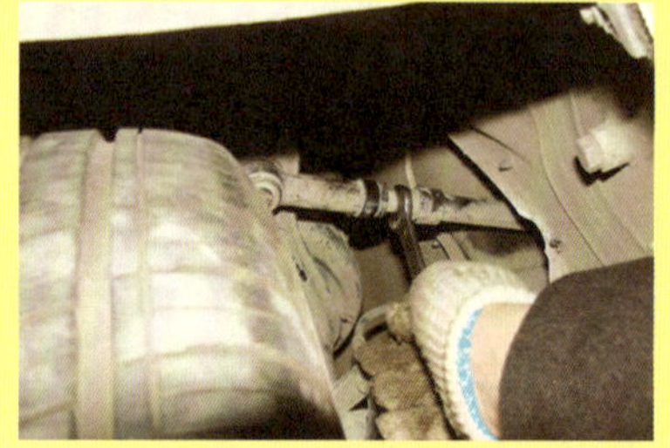

2. 转动横拉杆调节螺母。

提示：

◆如果转动不灵活，可用螺栓松动剂清洁。

3. 拆卸下托臂固定螺母。

提示：

◆使用 17 mm 套筒。

4. 调整轮胎内、外倾角。

提示：

◆先用双手推动轮胎，检查是否松旷。

<table>
<tr><td>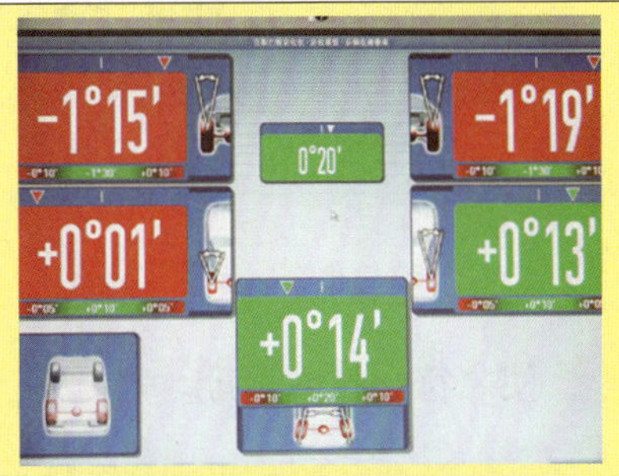
</td><td>5. 直至调整到满足规定技术要求。
提示：
◆显示屏上的图标呈绿色。</td></tr>
<tr><td colspan="2">五、收回仪器，整理场地</td></tr>
<tr><td>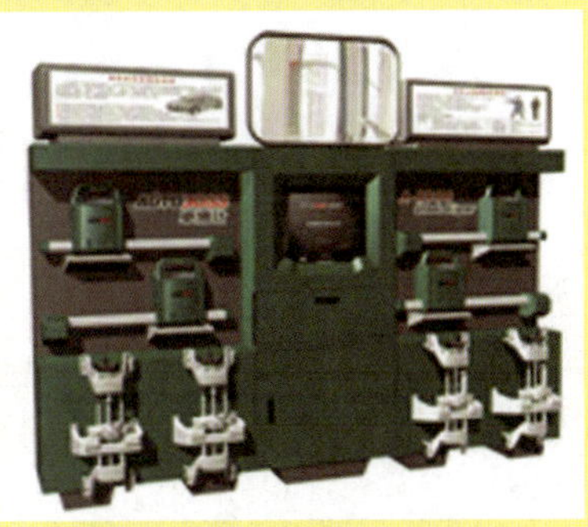</td><td>需将收回的车轮夹具、传感器、制动锁等按规定位置放好。</td></tr>
<tr><td colspan="2">知识链接</td></tr>
</table>

四轮定位的定义：

前轮定位和后轮定位合称为车轮定位，也就是常说的四轮定位。前轮定位包括主销后倾角、主销内倾角、前轮外倾角和前轮前束四项内容。后轮定位包括车轮外倾角和后轮前束。后轮定位值与前轮定位值相似，但大多数轿车的后轮定位不可调。

四轮定位的作用：

使汽车保持稳定的直线行驶和转向轻便，并减小汽车在行驶中轮胎和转向构件的磨损。通过四轮定位检测仪对定位参数的检测，可增加车辆直线行驶时的安全性，同时能维持车辆的直线行驶，转向后转向盘能自动回正，从而增加驾驶操控性。当全部定位参数检测、调整合格后，能够减小轮胎、悬架系统磨损和降低燃油消耗等。

四轮定位不准确的危害：

轮胎出现单边磨损、波浪状磨损、块状磨损、偏磨等不正常磨损；驾驶时出现转向沉重，车身发抖、颠簸，车辆跑偏、摇摆、方向不归位，车感飘浮等现象。

车辆出现下列情况时需要做四轮定位：

1. 更换新胎或发生碰撞事故维修后。
2. 前后轮胎单侧偏磨。
3. 驾驶时转向盘过重或飘浮、发抖。
4. 直行时汽车向左或向右跑偏。
5. 虽无以上状况，但出于维护目的，建议新车在驾驶 3 个月后，每半年或10 000 km做一次。

训 练 评 价

考核要求：

1. 在规定的时间内完成车辆四轮定位的检测和调整，使之符合技术标准。
2. 在操作过程中出现的违规操作，应及时指正。
3. 符合安全文明生产的要求。

考核标准：

考评标准表 ——四轮定位

<table>
<tr><th>考核时间</th><th>考 核 项 目</th><th>分值</th><th>评分标准与指导</th><th>评价结果</th></tr>
<tr><td rowspan="8">40 min</td><td>操作前检查</td><td>10</td><td>按要求酌情扣分，并指正</td><td></td></tr>
<tr><td>安装夹具</td><td>10</td><td>夹具选择不当扣 10 分</td><td></td></tr>
<tr><td>安装传感器</td><td>20</td><td>按要求酌情扣分，并指正</td><td></td></tr>
<tr><td>四轮定位检测</td><td>25</td><td>按要求酌情扣分，并指正</td><td></td></tr>
<tr><td>四轮定位调整</td><td>25</td><td>按要求酌情扣分，并指正</td><td></td></tr>
<tr><td>整理工具、清理现场</td><td rowspan="2">10</td><td>每项扣 2 分，扣完为止</td><td></td></tr>
<tr><td>遵守相关安全操作规范</td><td>因违规操作发生人身和设备事故，终止考核，成绩按 0 分计
超时每分钟扣 2 分，超时 5 min 终止考核</td><td></td></tr>
<tr><td>分数合计</td><td>100</td><td></td><td></td></tr>
</table>

实训报告：

1. 叙述四轮定位前的操作准备内容。
2. 叙述四轮定位检测方法。
3. 举例叙述四轮定位的调整方法。

任务 3 前悬架的拆装和检查

实训目标：

1. 掌握拆装前悬架的操作步骤和注意事项。
2. 能对前减振器支座总成进行分解和组装。
3. 了解前悬架的作用和组成。

实训设备：

1. 桑塔纳 2000 实车 1 辆，举升机 1 台，零件车 1 台，工具车 1 台。
2. 常用工具 1 套，汽车专用工具 1 套，减振弹簧专用压缩器 1 台，抹布若干。
3. 桑塔纳 2000 维修手册 1 套，相关挂图。

技能训练：

一、操作前准备工作

将工位清理干净，准备好相关的工具、物品等。

提示：

◆培养良好的工作习惯，做好事前准备，有助于安全操作和提高工作效率。

二、拆卸前悬架外围部件

1. 拆卸车辆前轮。

提示：

◆具体操作步骤参照课题二任务 1。

2. 拆卸前轮制动盘摩擦片。

提示：

◆具体操作步骤参照课题二任务 1。

3. 将制动钳固定。

	4. 拆卸前轮转速传感器线束。 （1）拆卸前轮转速传感器的固定螺栓。 提示： ◆此处是一个 M5 内六角螺栓。
	（2）从转向柱上取下前轮转速传感器线束。 注意： 不可弯折线束。
三、拆卸前减振器支座总成	
	1. 取下制动软管支架，拆卸球头自锁螺母。 提示： ◆自锁螺母拆卸后需更换。
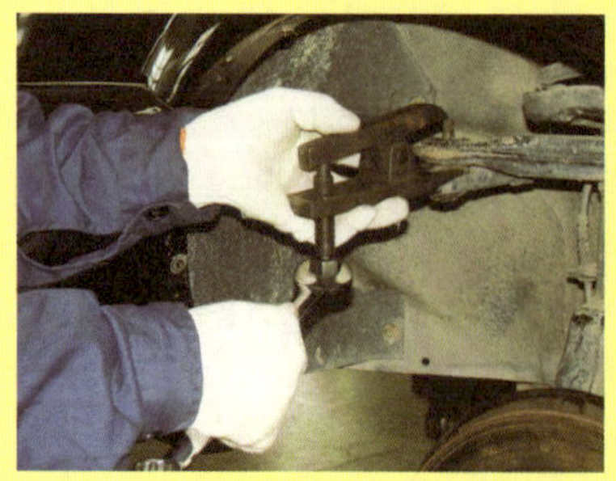	2. 拆卸转向横拉杆球头自锁螺母，压下横拉杆接头。 提示： ◆使用专用工具进行拆卸。 ◆自锁螺母拆卸后需更换。

	3. 拆卸稳定杆螺栓。 提示： ◆此处有一个 M8 自锁螺母。
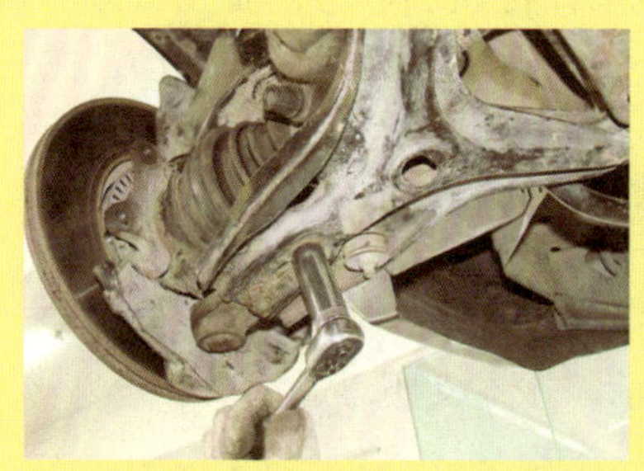	4. 拆卸下托臂球头固定螺栓。 提示： ◆此处有两个 M8 自锁螺母。
	5. 用撬棍向下压下托臂。 注意： 切不可损坏球笼防尘套。
	6. 从车轮轴承壳内拉出传动轴。 提示： ◆用专用拉拔器拉出轴承盖。

<table>
<tr><td></td><td>7. 取下前减振器支柱防尘盖。</td></tr>
<tr><td>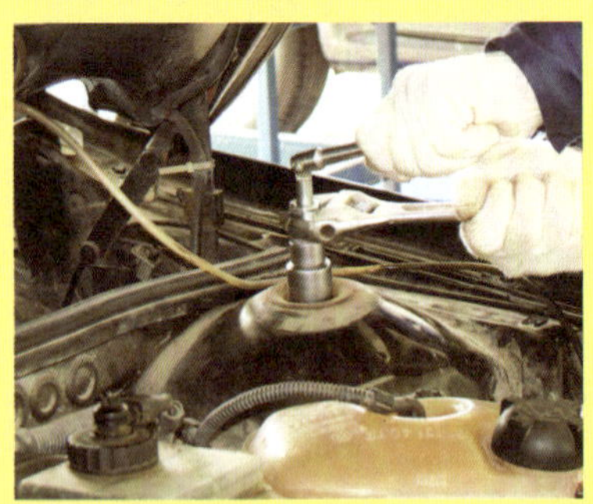</td><td>8. 拆卸活塞杆的自锁螺母。
提示：
◆拆卸活塞杆自锁螺母时，需先支撑前减振器支柱下部，再用扳手阻止活塞杆转动，然后进行拆卸。
◆自锁螺母拆卸后需更换。</td></tr>
<tr><td></td><td>9. 取下前减振器支座总成。
提示：
前悬架采用独立悬架系统，即左右两个车轮各自独立地通过悬架装置与车体相连，可以各自独立地上下跳动。</td></tr>
<tr><td colspan="2">四、拆卸、检查下悬架臂</td></tr>
<tr><td></td><td>1. 拆卸下悬架臂固定螺栓。
提示：
◆共有两对固定螺栓和自锁螺母。</td></tr>
<tr><td>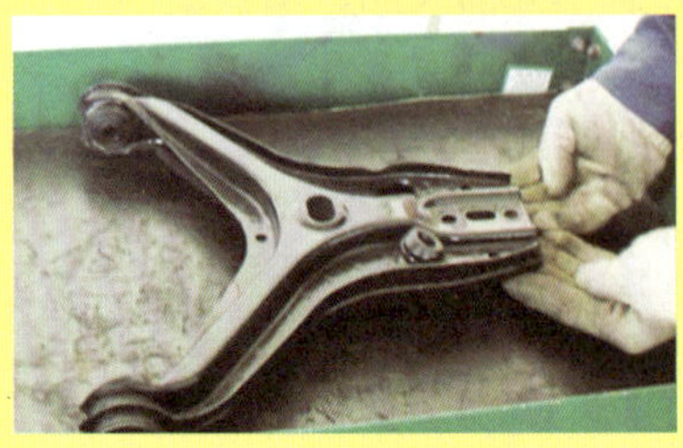</td><td>2. 检查下悬架臂。
提示：
◆如有变形和裂纹，更换下悬架臂。</td></tr>
</table>

五、分解前减振器支座总成	
	1. 松开支撑轴承开槽固定螺母。 注意： 拆装减振器必须使用减振弹簧专用压缩器，以防发生安全事故。
	提示： ◆需用扳手阻止活塞杆转动，压紧弹簧，以便松开螺母。
	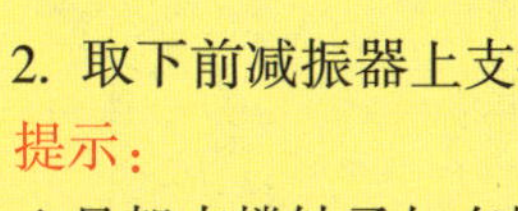 2. 取下前减振器上支撑轴承。 提示： ◆悬架支撑轴承如有损坏，只能整体更换。
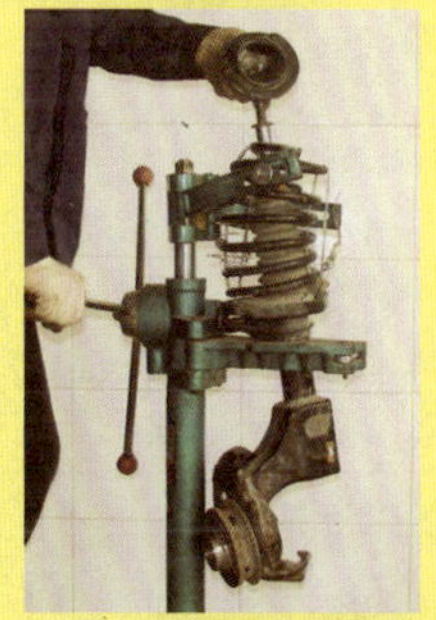	3. 取下弹簧上座。 注意： 检查悬架拉具是否处于安全锁止位置。
	4. 放松专用压缩器，取下螺旋弹簧。 提示： ◆螺旋弹簧只具备缓冲作用，由于没有减振和传力的功能，还必须设有专门的减振器和导向装置。

	5. 取出限位缓冲器。 提示： ◆限位缓冲器也叫橡胶弹簧，在悬架达到压缩极限行程的时候，防止悬架的相关部件发生碰撞，从而起到限位和缓冲的作用，对提高车辆的乘坐舒适性（缓和车辆的垂直振动）和操作稳定性有一定作用，对延长减振器寿命也有一定帮助。
	6. 取下橡胶护套。 提示： ◆橡胶护套的作用是防止外界的灰尘和污物进入减振器活塞。
	7. 拆卸前减振器螺母盖。 提示： ◆用管子钳拆卸。
	8. 取下前减振器。 检查减振器有无漏油，如有漏油，必须更换。 提示： ◆减振器主要用来抑制弹簧吸振后反弹时的振荡及来自路面的冲击。

六、组装前减振器支座总成

按照分解前减振器支座总成的相反顺序组装，步骤如下：

1. 装配前减振器并固定螺母盖。

提示：

◆螺母盖的拧紧力矩为 150 N · m。

2. 装配橡胶护套。
3. 装配限位缓冲器。
4. 安装螺旋弹簧。
5. 装配弹簧上座。
6. 装配前减振器上支撑轴承。
7. 紧固支撑轴承开槽固定螺母。

提示：

◆需用扳手阻止活塞杆转动，压紧弹簧，以便装配螺母。

◆开槽固定螺母的拧紧力矩为 50 N · m。

8. 将组装好的前减振器支座总成从专用压缩器上取下。

七、装配前减振器支座总成

按照拆卸前减振器支座总成的相反顺序进行装配，步骤如下：

1. 装配下悬架臂。

提示：

◆固定螺栓的拧紧力矩为 60 N · m。

2. 将悬架臂装配于车身上，并固定活塞杆自锁螺母。

提示：

◆装配活塞杆自锁螺母时，需先支撑前减振器支柱下部，再用扳手阻止活塞杆转动，然后进行装配。

◆自锁螺母拆卸后需更换，活塞杆自锁螺母的拧紧力矩为 60 N · m。

3. 装配前减振器支柱防尘盖。
4. 将传动轴装配到车轮轴承壳内。

提示：

◆装配前先清洁传动轴花键齿并抹上少许润滑脂。

5. 安装下托臂。
6. 紧固下托臂球头固定螺栓。

提示：

◆固定螺栓的拧紧力矩为 65 N · m。

7. 紧固稳定杆螺栓。

提示：

◆螺栓的拧紧力矩为 25 N · m。

8. 装配制动软管支架，紧固球头自锁螺母。

提示：

◆自锁螺母拆卸后需更换，自锁螺母的拧紧力矩为 50 N · m。

9. 安装转向横拉杆，紧固球头自锁螺母。

提示：

◆转向横拉杆球头自锁螺母的拧紧力矩为 30 N · m。

八、装配前悬架外围部件

1. 装配前轮转速传感器线束。

（1）将前轮转速传感器线束安装到位。

（2）紧固前轮转速传感器的固定螺栓。

提示：

◆传感器固定螺栓的拧紧力矩为 10 N · m。

2. 安装前轮制动盘摩擦片。

提示：

◆具体操作步骤参照课题二任务 1。

3. 装配车辆前轮。

提示：

◆具体操作步骤参照课题二任务 1。

训练评价

考核要求：

1. 在规定的时间内完成前悬架的拆装和检查，使之符合技术标准。
2. 在操作过程中出现的违规操作，应及时指正。
3. 符合安全文明生产的要求。

考核标准：

考评标准表——前悬架的拆装和检查

考核时间	考 核 项 目	分值	评分标准与指导	评价结果
60 min	正确使用工具	10	工具使用不当酌情扣分，并指正	
	拆卸前悬架外围部件	10	按要求酌情扣分，并指正	
	拆卸前减振器支座总成	10	按要求酌情扣分，并指正	
	拆卸、检查下悬架臂	10	按要求酌情扣分，并指正	
	分解前减振器支座总成	15	按要求酌情扣分，并指正	
	组装前减振器支座总成	15	按要求酌情扣分，并指正	
	装配前减振器支座总成	10	按要求酌情扣分，并指正	
	装配前悬架外围部件	10	按要求酌情扣分，并指正	
	整理工具、清理现场	10	每项扣2分，扣完为止	
	遵守相关安全操作规范		因违规操作发生人身和设备事故，终止考核，成绩按0分计 超时每分钟扣1分，超时10 min终止考核	
	分数合计	100		

实训报告：

1. 叙述前悬架的拆装步骤。
2. 叙述前减振器支座总成分解和组装的步骤。

任务4 后悬架的拆装和检查

实训目标：

1. 掌握拆装后悬架的操作步骤和注意事项。
2. 能对后悬架进行分解和组装。
3. 了解后悬架的作用和组成。

实训设备：

1. 桑塔纳2000实车1辆，举升机1台，零件车1台，工具车1台。
2. 常用工具1套，汽车专用工具1套，抹布若干。
3. 桑塔纳2000维修手册1套，相关挂图。

技能训练：

一、操作前准备工作	
	将工位清理干净，准备好相关的工具、物品等。 提示： ◆培养良好的工作习惯，做好事前准备，有助于安全操作和提高工作效率。
二、拆卸后悬架	
	1. 拆卸车辆后轮。 提示： ◆具体操作步骤参照课题二任务 2。
	2. 拆卸后减振器与后桥的连接螺栓。 提示： ◆此处有一对 M10 自锁螺母和螺栓。
	3. 分离后减振器下端和后桥。 提示： ◆使用撬棒按压后臂，使后减振器下端和后桥分离。

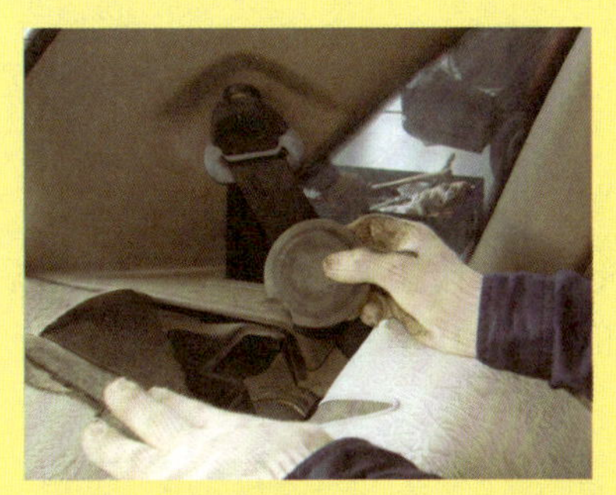	4. 取出后减振器塞盖。 注意： 需安放座椅护罩，以防座椅沾染油污。
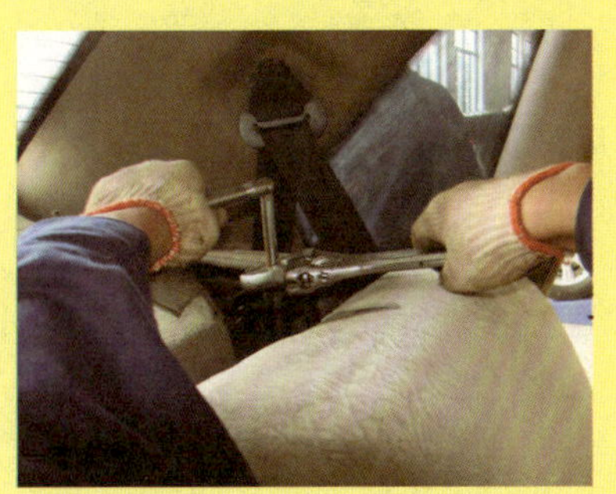	5. 拆卸后减振器支撑杆座上的自锁螺母。 提示： ◆自锁螺母位于后排座椅后的车架上。 ◆拆卸自锁螺母时，需先支撑后减振器支撑杆下部，再用扳手阻止支撑杆转动后进行拆卸。
	6. 从后桥上取下后减振器及弹簧。 注意： 将组件置于工作台上。
三、分解后悬架	
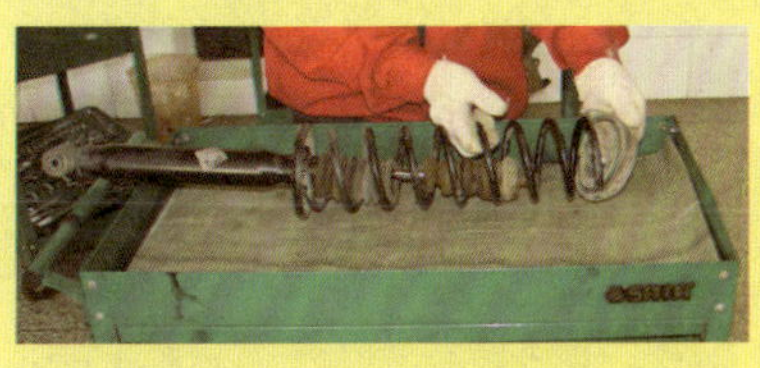	1. 取出后减振器上弹簧座。 注意： 金属弹簧座不可碰坏支撑杆螺纹。
	2. 取下下轴承环（橡胶件）和下轴承。 提示： ◆下轴承的作用是支撑后减振器并缓冲压力。

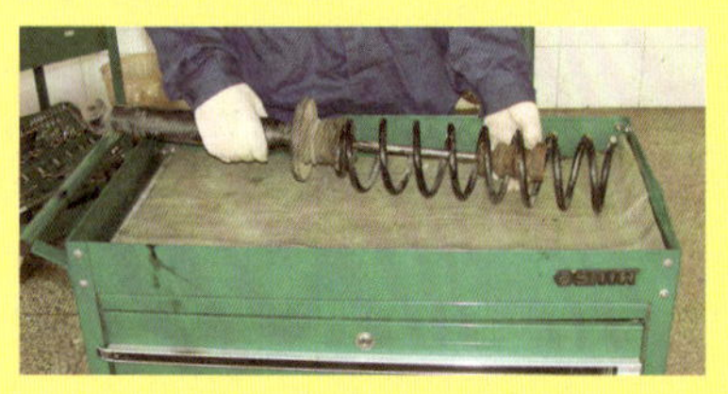	3. 取下、分解后减振器中的防尘套和缓冲块。 提示： ◆后减振器中的防尘套和缓冲块与前减振器中的防尘套和缓冲块作用相同。
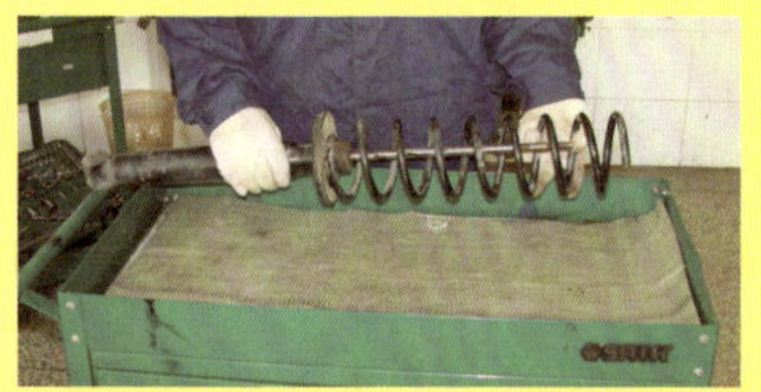	4. 取下后减振器弹簧并检查后减振器。

四、组装后悬架

按照分解后悬架的相反顺序进行组装，步骤如下：

1. 装配后减振器弹簧。
2. 装配后减振器中的防尘套和缓冲块。
3. 装配下轴承环（橡胶件）和下轴承。
4. 安装后减振器上弹簧座。

五、装配后悬架

按照拆卸后悬架的相反顺序进行装配，步骤如下：

1. 将后减振器支撑杆座装入车身支架，并紧固自锁螺母。

提示：

◆自锁螺母的拧紧力矩为 35 N · m。

2. 将后减振器下端装配于后桥上。

提示：

◆先用撬棒向下按压后臂，并将后减振器下端装入后臂减振器固定孔。

3. 紧固后减振器与后桥的连接螺栓。

提示：

◆连接螺栓的拧紧力矩为 70 N · m。

4. 装配车辆后轮。

提示：

◆具体操作步骤参照课题二任务 2。

训 练 评 价

考核要求：

1. 在规定的时间内完成后悬架的拆装和检查，使之符合技术标准。
2. 在操作过程中出现的违规操作，应及时指正。
3. 符合安全文明生产的要求。

考核标准：

考评标准表——后悬架的拆装和检查

考核时间	考 核 项 目	分值	评分标准与指导	评价结果
40 min	正确使用工具	10	工具使用不当酌情扣分，并指正	
	拆卸后悬架	30	按要求酌情扣分，并指正	
	分解后悬架	10	按要求酌情扣分，并指正	
	组装后悬架	10	按要求酌情扣分，并指正	
	装配后悬架	30	按要求酌情扣分，并指正	
	整理工具、清理现场	10	每项扣2分，扣完为止	
	遵守相关安全操作规范		因违规操作发生人身和设备事故，终止考核，成绩按0分计 超时每分钟扣1分，超时10 min终止考核	
	分数合计	100		

实训报告：

1. 叙述后悬架的拆装方法。
2. 叙述后悬架分解和组装的步骤。

课题四　转向系的拆装与调整

任务 1　转向操纵机构的拆装和调整

实训目标：

1. 掌握拆装和调整转向操纵机构的操作步骤。
2. 掌握拆装和调整转向操纵机构的注意事项。
3. 了解排放转向助力油路空气的操作步骤。

实训设备：

1. 桑塔纳 2000 实车 1 辆，举升机 1 台，零件车 1 台，工具车 1 台。
2. 常用工具 1 套，汽车专用工具 1 套，抹布若干。
3. 桑塔纳 2000 维修手册 1 套，相关挂图。

技能训练：

一、操作前准备工作	
	1. 将工位清理干净，准备好相关的工具、物品等。 提示： ◆养成良好的工作习惯，做好事前准备，有助于安全操作和提高工作效率。
	2. 拆卸蓄电池负极接线。 提示： ◆蓄电池拆卸前，对带有故障自诊断功能的车辆，用故障诊断仪读取故障代码，防止故障代码和有关资料信息丢失。

<table>
<tr><th colspan="2">二、拆卸转向盘</th></tr>
<tr><td></td><td>1. 拆卸转向盘上盖板。
提示：
◆用手抠住盖板的两边，均匀用力向外拉出。</td></tr>
<tr><td></td><td>2. 拔下喇叭按钮线束插头。
注意：
施力点在线束插头上，不可拉拽线束。</td></tr>
<tr><td></td><td>3. 拆卸转向盘中间固定螺母。
提示：
◆固定好转向盘后，再进行拆卸。</td></tr>
<tr><td></td><td>4. 取下弹性垫片。</td></tr>
</table>

	5. 取出转向盘。 提示： ◆取出时，双手均匀用力，向外拔出。
三、拆卸组合开关和点火开关	
	1. 拔下组合开关线束插头、点火开关线束插头。 提示： ◆捏住插头后再拔出，严禁拉拽线束。
	2. 拆卸组合开关。 （1）拆卸组合开关固定螺栓。 提示： ◆有3个固定螺栓。 （2）取下组合开关。
	3. 取出转向柱稳定弹簧及套管。

<table>
<tr><td></td><td>4. 拆卸点火开关外壳固定螺栓。
提示：
◆使用 6 mm 内六角扳手。</td></tr>
<tr><td></td><td>5. 取出点火开关。
提示：
◆可以边转动边向上拉。</td></tr>
<tr><td colspan="2">四、拆卸转向机总成</td></tr>
<tr><td>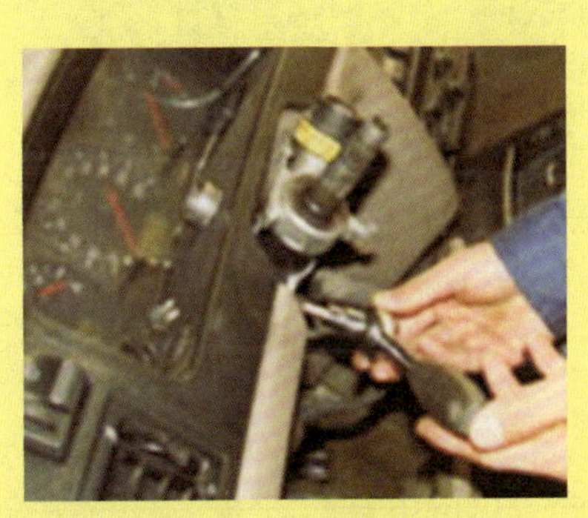</td><td>1. 松开转向柱套管的两个紧固螺钉，卸下套管。</td></tr>
<tr><td></td><td>2. 取出转向柱上段。
提示：
◆先将转向柱上段往下压，使上段端部法兰上的两个驱动销脱离转向柱下段，然后取出转向柱上段。</td></tr>
</table>

	3. 拆卸前轮。 提示： ◆具体操作步骤和要求参照课题二任务 1。
	4. 拆卸左、右横拉杆一端的球头螺母。 提示： ◆使用专用工具。
	5. 拆卸左、右横拉杆另一端的球头螺母。
	6. 拆卸转向机高压油管。 提示： ◆液压油不可重复使用。 ◆注意回收液压油，以防污染车辆和场地。

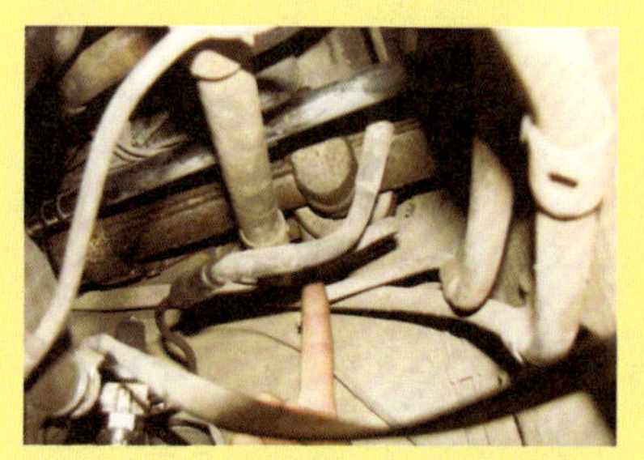	7. 拆卸油泵低压油管。 提示： ◆使用两把 17 mm 扳手，一把用于固定油管，另一把用于拧松紧固件。
	8. 拆卸转向柱上的内固定螺栓。 提示： ◆此处有两个 M10 自锁螺母。
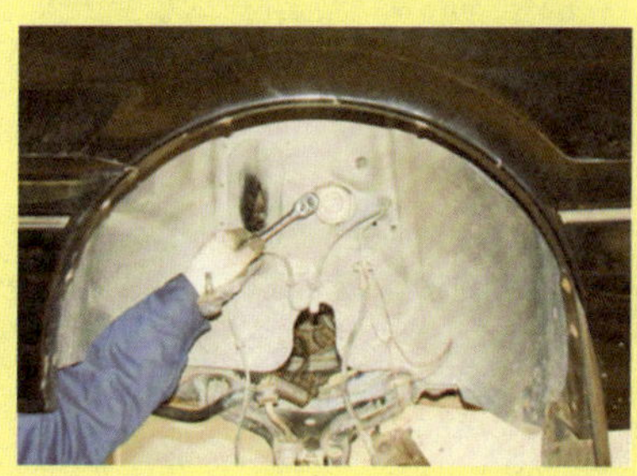	9. 拆卸转向柱上的外固定螺栓。
	10. 取下转向机总成。 注意： 取下时注意不要刮碰高压油管。

五、装复转向机总成

1. 安装转向机总成。
2. 拧紧转向柱上的外固定螺栓。

提示：

◆外固定螺栓的拧紧力矩为 20 N·m。

3. 拧紧转向柱上的内固定螺栓。

提示：

◆内固定螺栓的拧紧力矩为 40 N·m。

4. 安装油泵低压油管。

5. 安装转向机高压油管。

6. 安装左、右横拉杆两端的球头螺母。

提示：

◆螺母的拧紧力矩为 45 N·m。

7. 装复转向柱上段。

提示：

◆将转向柱上段往下压，使上段端部法兰上的两个驱动销复位。

8. 安装转向柱套管。

提示：

◆拧紧套管的两个固定螺钉。

◆固定螺钉的拧紧力矩为 20 N·m。

9. 安装车轮。

提示：

◆具体操作步骤和要求参照课题二任务 1。

六、装复组合开关和点火开关

按照拆卸组合开关和点火开关的相反顺序装复，步骤如下：

1. 安装点火开关。

（1）将点火开关安装到位。

（2）紧固点火开关外壳固定螺栓。

提示：

◆固定螺栓的拧紧力矩为 15 N·m。

2. 安装转向柱稳定弹簧及套管。

3. 安装组合开关。

（1）将组合开关安装到转向柱上。

（2）拧紧组合开关固定螺栓。

提示：

◆共有 3 个固定螺栓，分 2 ~ 3 次拧紧。

4. 插接组合开关线束插头、点火开关线束插头。

提示：

◆检查插头是否插接牢固。

七、装复转向盘

按照拆卸转向盘的相反顺序装复，步骤如下：

1. 安装转向盘。

提示：

◆先装上转向盘，将前轮转至正前方，再取出转向盘，将转向盘放正安装。

2. 装入弹性垫片。

3. 拧紧转向盘中间固定螺母。

提示：

◆固定螺母的拧紧力矩为 40 N · m。

4. 连接喇叭按钮线束。

5. 装复转向盘上盖板。

八、排放转向助力油路空气

	1. 加注液压油。 提示： ◆液压油型号为 PENPOSINCHF11S PL_VW521 46。
	2. 检查液压油的液面高度。 提示： ◆通过标尺检查，液面高度应处在 Max 线（上限）与 Min 线（下限）之间。
	3. 启动发动机并怠速运转。 提示： ◆运转时间约为 2 min。

	4. 左右往复转动转向盘几次。 提示： ◆举升车辆，使前轮离地。 ◆每次转动转向盘需转至极限位置。
	5. 观察储液罐中是否有空气冒出。 提示： ◆直至储液罐中没有空气冒出，停止转动转向盘。
	6. 检查储液罐中液面高度。 提示： ◆如液压油缺少，加注液压油至规定位置。

训练评价

考核要求：

1. 在规定的时间内完成转向操纵机构的拆装和调整，使之符合技术标准。
2. 在操作过程中出现的违规操作，应及时指正。
3. 符合安全文明生产的要求。

考核标准：

考评标准表 ——转向操纵机构的拆装和调整

考核时间	考 核 项 目	分值	评分标准与指导	评价结果
40 min	正确使用工具	10	工具使用不当酌情扣分，并指正	
	拆卸转向盘	10	按要求酌情扣分，并指正	
	拆卸组合开关和点火开关	10	按要求酌情扣分，并指正	
	拆卸转向机总成	15	按要求酌情扣分，并指正	
	装复转向机总成	15	按要求酌情扣分，并指正	
	装复组合开关和点火开关	10	按要求酌情扣分，并指正	
	装复转向盘	10	按要求酌情扣分，并指正	
	排放转向助力油路空气	10	按要求酌情扣分，并指正	
	整理工具、清理现场	10	每项扣2分，扣完为止	
	遵守相关安全操作规范		因违规操作发生人身和设备事故，终止考核，成绩按0分计 超时每分钟扣1分，超时10 min终止考核	
	分数合计	100		

实训报告：

1. 叙述转向操纵机构的拆装步骤。
2. 叙述排放转向助力油路空气的步骤。

任务2 转向机总成的拆装

实训目标：

1. 掌握分解转向机总成的操作方法。
2. 掌握组装转向机总成的操作方法。
3. 掌握分解和组装转向机总成的注意事项。

实训设备：

1. 转向机总成1套，零件车1台，工具车1台。
2. 常用工具1套，汽车专用工具1套，抹布若干。
3. 桑塔纳2000维修手册1套，相关挂图。

技能训练：

一、操作前准备工作	
	将工位清理干净，准备好相关的工具、物品等。 提示： ◆养成良好的工作习惯，做好事前准备，有助于安全操作和提高工作效率。
二、分解转向机总成	
	1. 拆卸转向机防尘套夹箍。
	2. 取下转向机防尘套、挡圈。 提示： ◆防尘套、挡圈的作用是防止外界的灰尘进入转向机内部。
	3. 拆卸转向机挡盖。
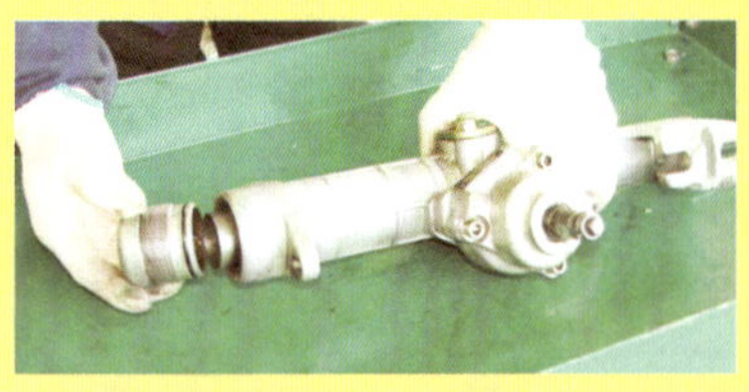	4. 取出卡环、O 形密封圈、弹簧、调整螺栓。

5. 松开转阀盖紧固螺栓。

提示：

◆此处有 3 个 M8 内六角螺栓。

6. 拆卸调整螺栓盖固定螺栓。

7. 取下调整螺栓盖。

注意：

取调整螺栓盖时用手压住，以防弹簧弹出活塞伤人。

8. 取下调整活塞。

提示：

◆如果活塞在阀体中卡死，不可以强拆，可用煤油浸泡清洁后取出。

9. 取出调整弹簧。

10. 取出密封圈。

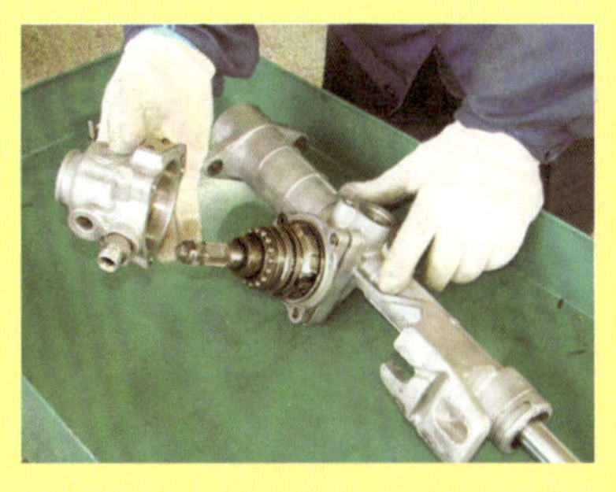	11. 取下转阀盖。
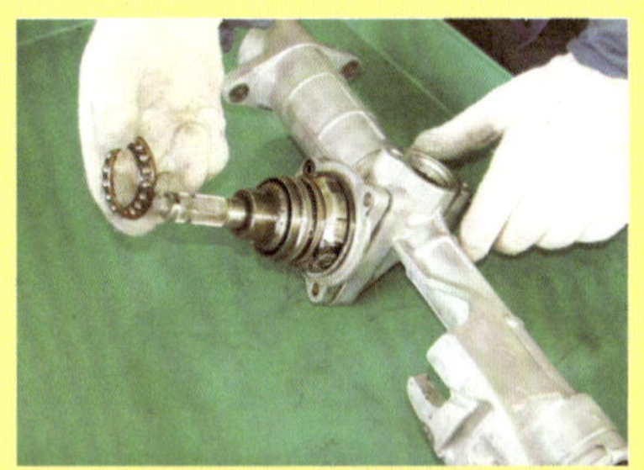	12. 取出转阀上轴承。 注意： 取出轴承时注意不要让滚珠掉落。
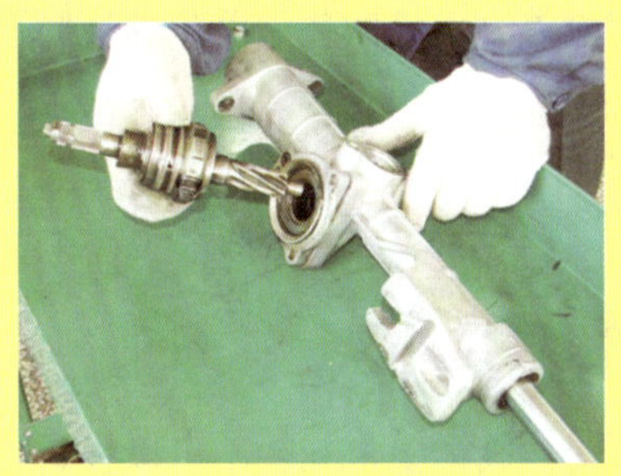	13. 拆卸转阀及小齿轮。
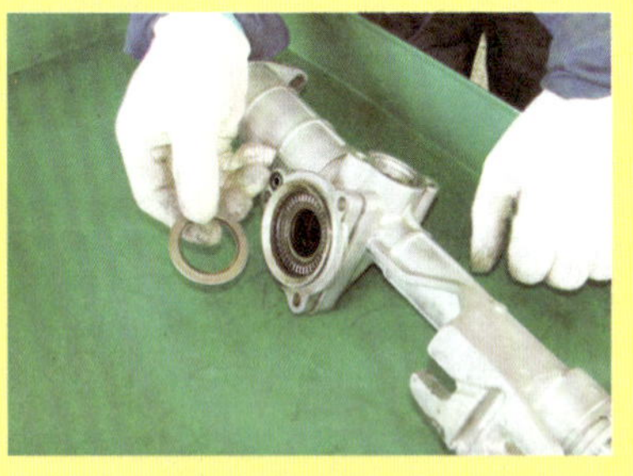	14. 取下转阀下轴承及垫片。 注意： 取下时，在垫片正反面做一个记号，以防止安装时出错。
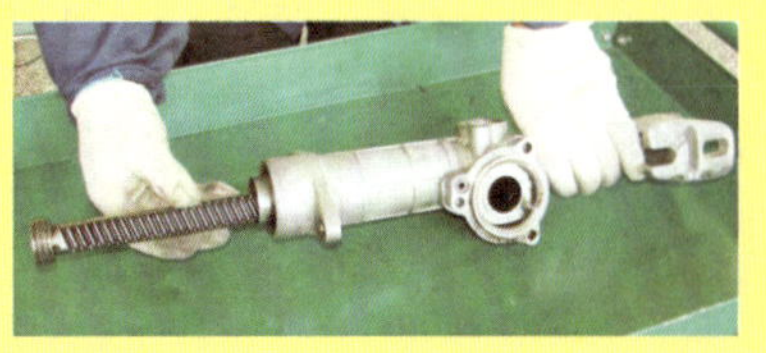	15. 拉出齿条。 提示： ◆一边旋转，一边将齿条拉出。

<table>
<tr><th colspan="2">三、组装转向机总成</th></tr>
<tr><td>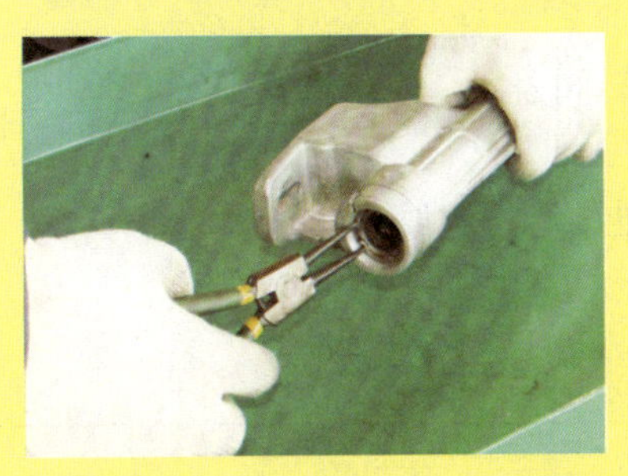</td><td>1. 更换转向机油封。
提示：
◆转向机油封不可重复使用，需更换新品。</td></tr>
<tr><td>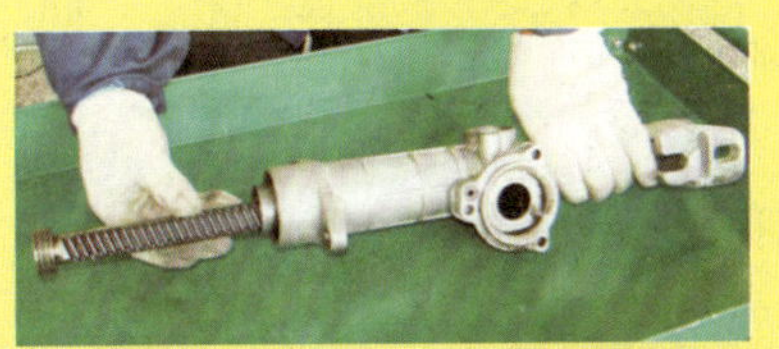</td><td>2. 插进齿条。
提示：
◆一边旋转，一边插进齿条。</td></tr>
<tr><td>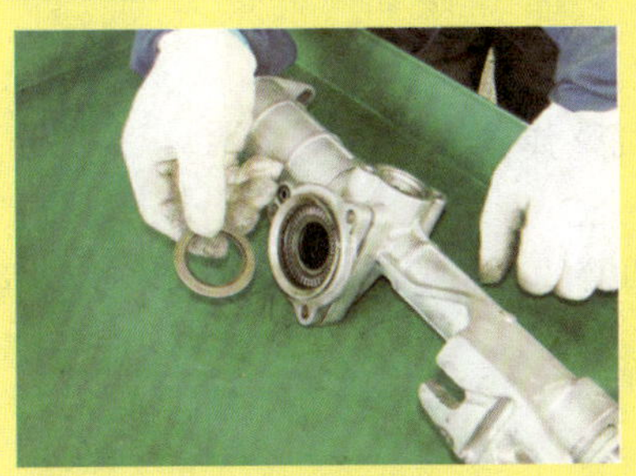</td><td>3. 装配转阀下轴承及垫片。
提示：
◆检查轴承磨损情况，如有损坏应更换。</td></tr>
<tr><td>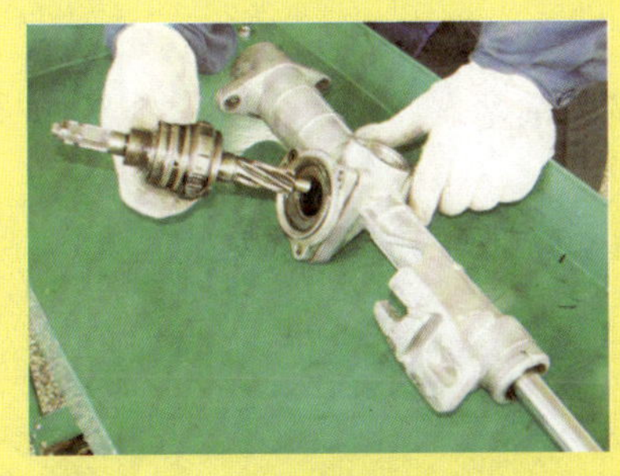</td><td>4. 装配转阀及小齿轮。
提示：
◆检查小齿轮磨损情况，如有损坏应更换。</td></tr>
<tr><td>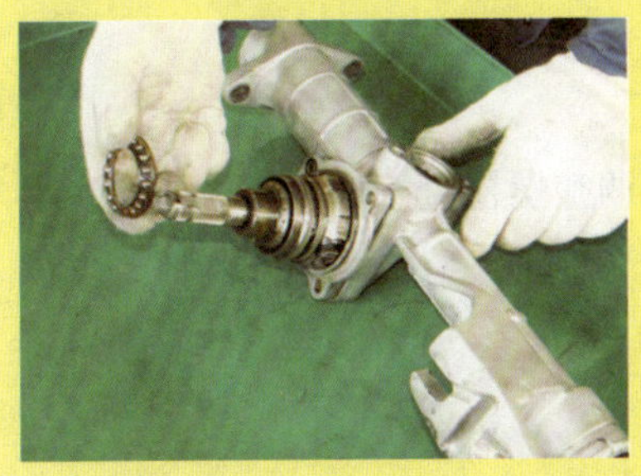</td><td>5. 装配转阀上轴承。
提示：
◆检查轴承磨损情况，并注意方向。</td></tr>
</table>

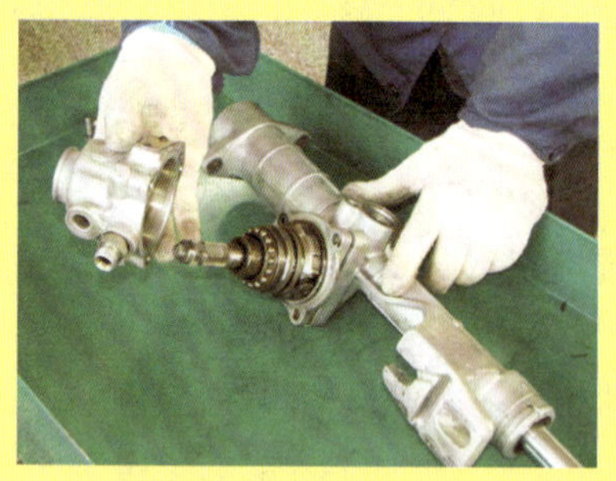	6. 装配转阀盖。 提示： ◆接口处要涂密封胶，防止漏油。
	7. 装配密封圈。 提示： ◆更换新密封圈，并涂上润滑脂。
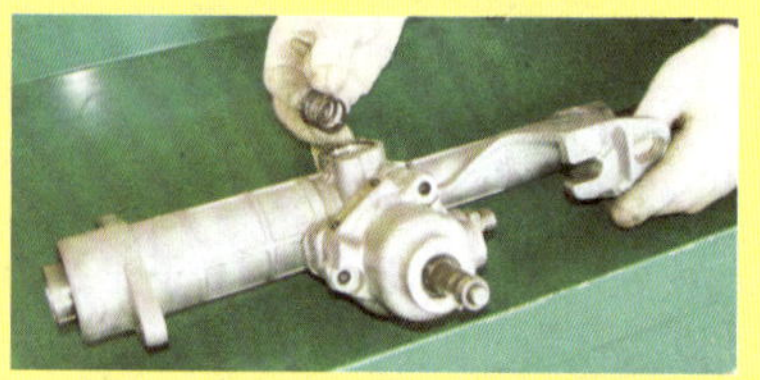	8. 装配调整弹簧。 提示： ◆检查弹簧的弹性是否正常，若不正常需更换。
	9. 装配调整活塞。 提示： ◆检查活塞在阀体中是否能灵活运动。
	10. 装配调整螺栓盖。

	11. 紧固调整螺栓盖固定螺栓。 提示： ◆固定螺栓的拧紧力矩为 20 N · m。
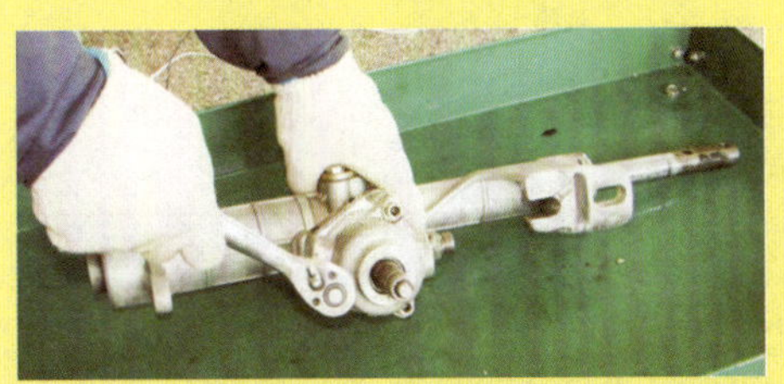	12. 紧固转阀盖固定螺栓。 提示： ◆固定螺栓的拧紧力矩为 40 N · m。
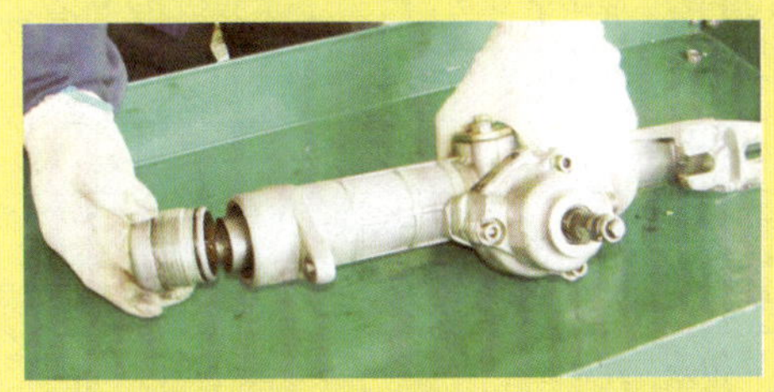	13. 装入卡环、O 形密封圈、弹簧、调整螺栓。 提示： ◆应检查卡环、O 形密封圈、弹簧是否损坏，如损坏应更换。
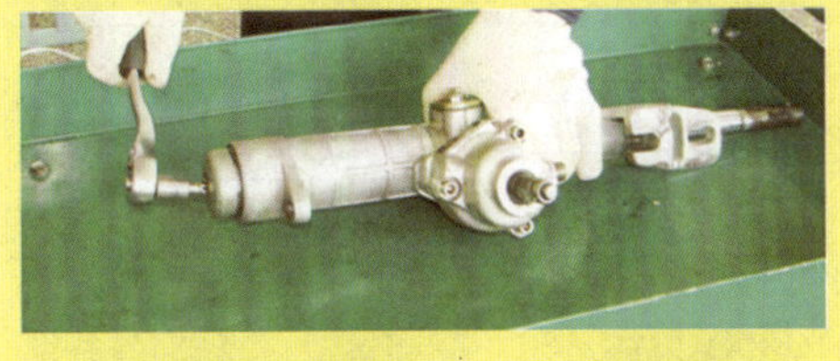	14. 安装转向机挡盖。
	15. 安装转向机防尘套、挡圈。 提示： ◆防尘套、挡圈都是一次性的，拆卸后需更换新件。
	16. 安装转向机防尘套夹箍。 提示： ◆可用斜口钳收紧夹箍。

训 练 评 价

考核要求：

1. 在规定的时间内完成转向机总成的拆装，使之符合技术标准。
2. 在操作过程中出现的违规操作，应及时指正。
3. 符合安全文明生产的要求。

考核标准：

考评标准表——转向机总成的拆装

考核时间	考 核 项 目	分值	评分标准与指导	评价结果
30 min	正确使用工具	10	工具使用不当酌情扣分，并指正	
	拆卸转向机防尘套等	10	按要求酌情扣分，并指正	
	拆卸调整螺栓盖	10	按要求酌情扣分，并指正	
	拆卸调整活塞	5	按要求酌情扣分，并指正	
	拆卸转阀及小齿轮	10	按要求酌情扣分，并指正	
	拉出齿条	5	按要求酌情扣分，并指正	
	装复齿条	5	按要求酌情扣分，并指正	
	装复转阀及小齿轮	10	按要求酌情扣分，并指正	
	装复调整活塞	5	按要求酌情扣分，并指正	
	装复调整螺栓盖	10	按要求酌情扣分，并指正	
	装复转向机防尘套等	10	按要求酌情扣分，并指正	
	整理工具、清理现场	10	每项扣 2 分，扣完为止	
	遵守相关安全操作规范		因违规操作发生人身和设备事故，终止考核，成绩按 0 分计 超时每分钟扣 1 分，超时 5 min 终止考核	
	分数合计	100		

实训报告：

1. 叙述转向机总成的分解步骤。
2. 叙述转向机总成的组装步骤。

课题五　传动系的拆装与调整

任务 1　变速器总成和离合器的拆卸

实训目标：

1. 掌握在实车上拆卸手动变速器总成的操作步骤和注意事项。
2. 掌握离合器的拆卸方法和注意事项。
3. 掌握离合器总泵的拆卸方法。
4. 了解离合器的作用和组成。

实训设备：

1. 桑塔纳 2000 实车（手动挡）1 辆，举升机 1 台，零件车 1 台，工具车 1 台。
2. 常用工具 1 套，汽车专用工具 1 套，变速器拆装台 1 台，抹布若干。
3. 桑塔纳 2000 维修手册 1 套，相关挂图。

技能训练：

一、操作前准备工作	
	1. 将工位清理干净，准备好相关的工具、物品等。 提示： ◆培养良好的工作习惯，做好事前准备，有助于安全操作和提高工作效率。 2. 蓄电池拆卸前，对带有故障自诊断功能的车辆，用故障诊断仪读取故障代码，防止故障代码和有关资料信息丢失。
	3. 将车辆停放于举升机规定位置，并安全固定。 4. 拆卸蓄电池负极接线，使之可靠离开负极接线柱。 提示： ◆拆卸蓄电池前必须关闭所有用电设备。

<table>
<tr><th colspan="2">二、拆卸离合器工作缸</th></tr>
<tr><td>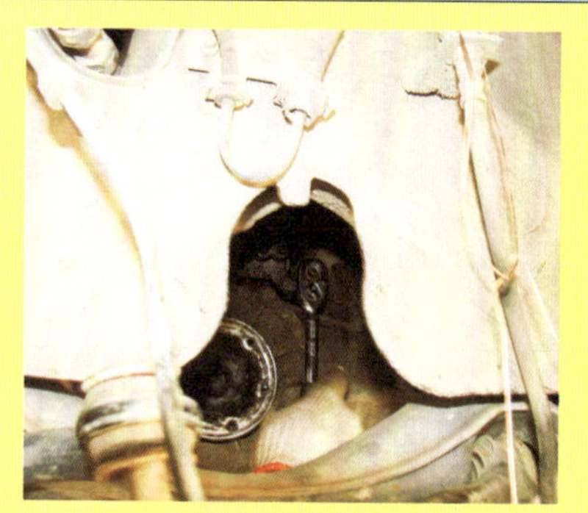</td><td>1. 拆下离合器工作缸固定螺栓。</td></tr>
<tr><td></td><td>2. 取下离合器工作缸。
提示：
◆用手往外轻轻拔，防止损坏防尘套。
注意：
拆下离合器工作缸后不允许再踩离合器踏板，以防活塞被压出。</td></tr>
<tr><th colspan="2">三、拆卸换挡杆</th></tr>
<tr><td></td><td>1. 旋下换挡杆手柄。</td></tr>
<tr><td>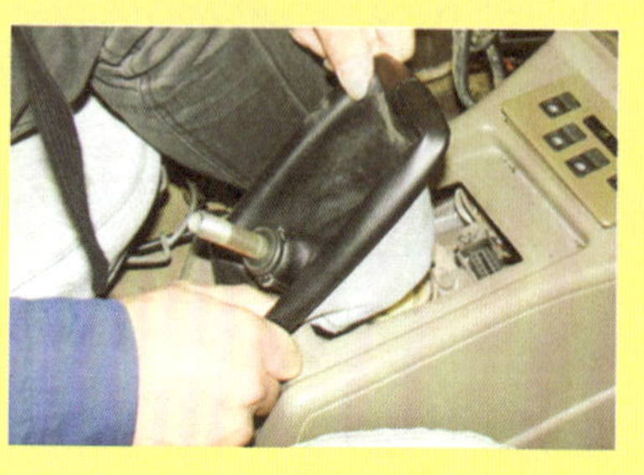</td><td>2. 拆卸换挡杆防尘套。
提示：
◆拆防尘套时，用手将盖板先向后推压，然后再提起。</td></tr>
</table>

	3. 拆卸上换挡杆，使上下换挡杆分离。
	4. 拆卸下换挡杆。 提示： ◆下换挡杆由一对螺栓和螺母固定。
四、拆卸变速器外围附件	
	1. 拔下车速传感器线束插头。 提示： ◆捏住插头向外拔出，不可拉拽导线。
	2. 拆卸氧传感器。 （1）拔下氧传感器线束插头。 提示： ◆捏住插头向外拔出，不可拉拽导线。 （2）卸下氧传感器。

	3. 拆下倒车灯开关线束插头。 提示： ◆捏住插头向外拔出，不可拉拽导线。
	4. 拆卸左、右传动轴。 提示： ◆共有 6 个螺栓。 ◆将传动轴从变速器上拆下，并固定好。
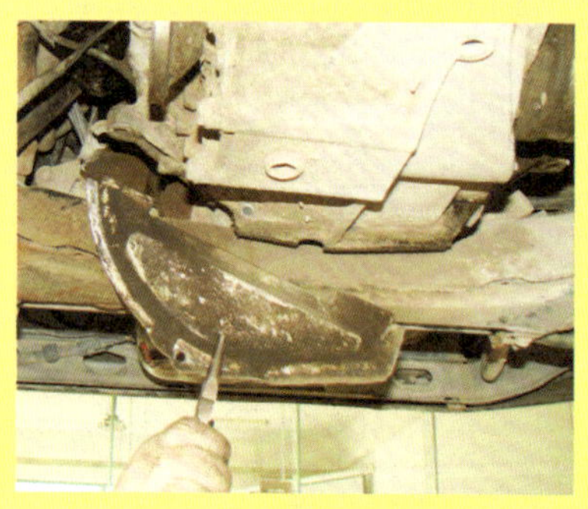	5. 拆卸变速器前密封挡板。 提示： ◆只有 1 个螺栓。
	6. 旋松变速器控制系统的内固定螺栓。

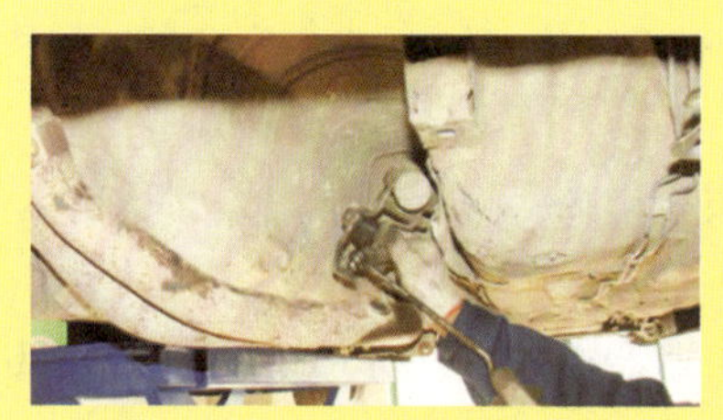	7. 压出分离杆球头。
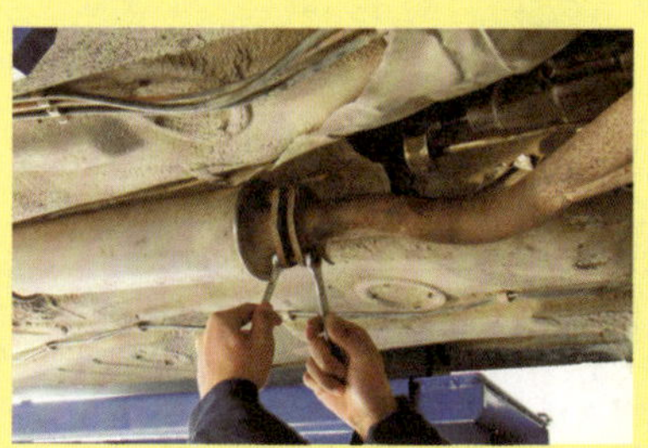	8. 拆卸第 2 节排气管。 提示： ◆共有 3 对螺栓和螺母。 ◆分 2～3 次拧松。
	9. 拆卸排气管固定支架。 提示： ◆如果螺栓因高温氧化而锈蚀，难以拆卸，可用螺栓松动剂清洁浸泡，然后再拆。
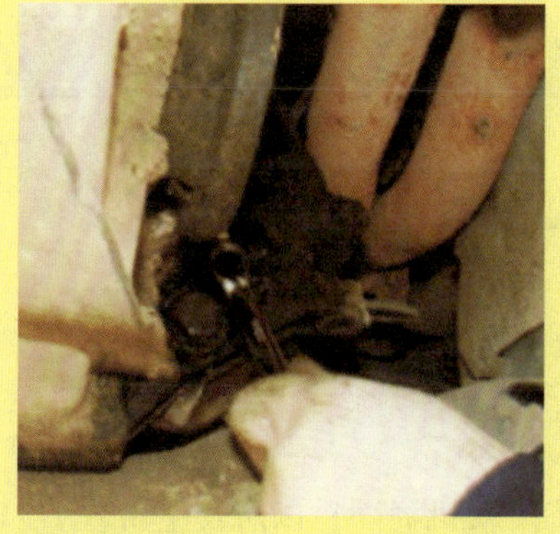	10. 拆卸起动机总成固定螺栓，使其与变速器壳体分离。 提示： ◆共有 3 个螺栓。

<table>
<tr><td>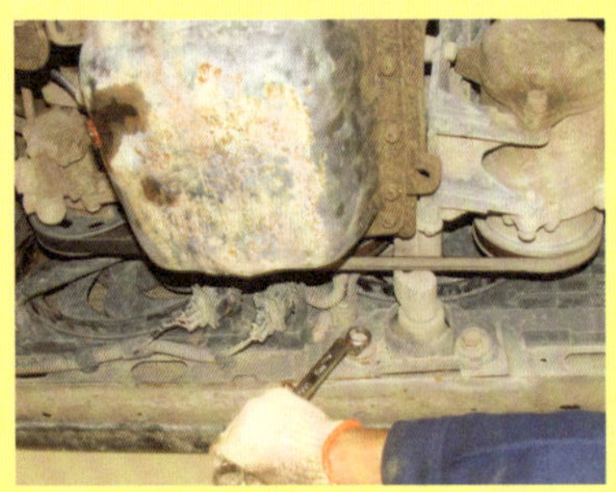</td><td>11. 拆卸发动机前固定支架。
提示：
◆共有两个螺栓。
注意：
用专用变速器拆装台固定变速器，以防发生事故。</td></tr>
<tr><td></td><td>12. 拆卸发动机中间支架。</td></tr>
<tr><td></td><td>13. 拆卸变速器减振垫和减振垫前支架。</td></tr>
<tr><td colspan="2">五、拆卸变速器总成</td></tr>
<tr><td></td><td>1. 拆卸变速器与发动机之间的连接螺栓。
提示：
◆共有 6 个螺栓。
◆分 2 ~ 3 次对角拧松。
注意：
注意保持发动机稳固，以防发生事故。</td></tr>
</table>

<table>
<tr><td></td><td>2. 使用撬棒将变速器与发动机分离。
3. 抬下变速器总成。
注意：
抬下变速器总成的过程中要注意安全。</td></tr>
<tr><td colspan="2">六、拆卸离合器</td></tr>
<tr><td></td><td>1. 拆卸之前，用色笔在离合器压盘和飞轮间做一个记号。</td></tr>
<tr><td></td><td>2. 松开离合器压盘固定螺栓。
提示：
◆共有 6 个螺栓。
◆分 2 ~ 3 次对角拧松离合器压盘固定螺栓。</td></tr>
<tr><td></td><td>3. 取下离合器压盘。
注意：
取下离合器压盘时，注意避免离合器摩擦片掉落。</td></tr>
</table>

	4. 取下离合器摩擦片。 注意： 离合器摩擦片表面不可沾油污，以防装复后造成摩擦片打滑。
七、拆卸与分解分离杠杆	
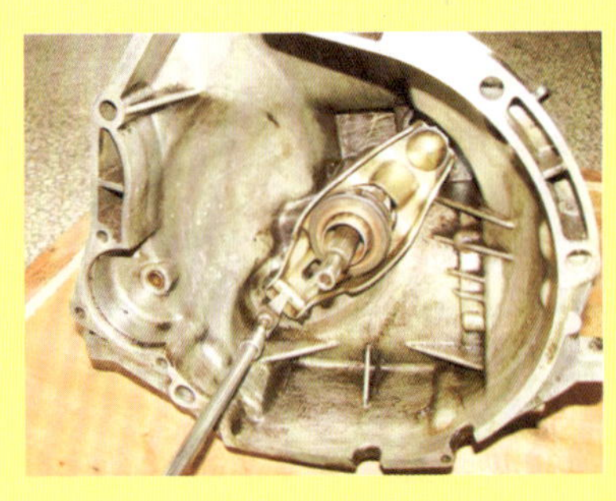	1. 卸下离合器分离杠杆固定螺栓。
	2. 取下离合器分离杠杆定位弹簧片。
	3. 取下分离杠杆和分离轴承。

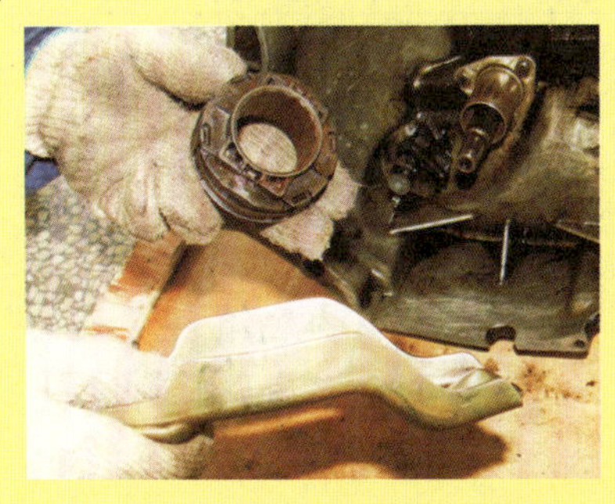	4. 将分离轴承从分离杠杆上取出。
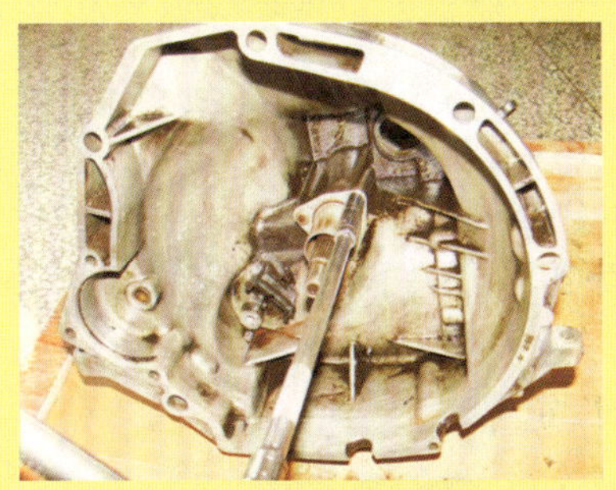	5. 拆卸分离轴承套管。 （1）拆卸分离轴承套管固定螺栓。 提示： ◆有 3 个固定螺栓。
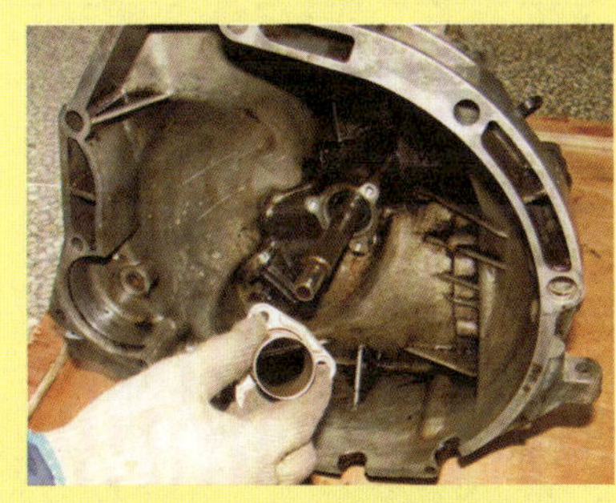	（2）取出套管。
	6. 取出分离杠杆支座。

<table>
<tr><th colspan="2">八、拆卸中央继电器盒</th></tr>
<tr><td>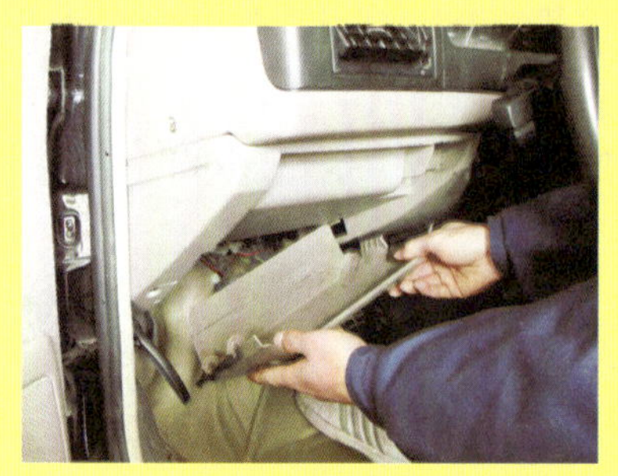</td><td>1. 拆下仪表板左下方小杂物箱。</td></tr>
<tr><td>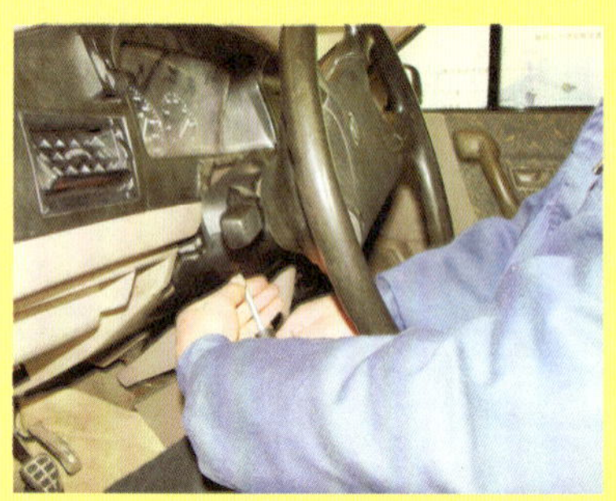</td><td>2. 拆卸组合开关下护罩。
（1）卸下组合开关下护罩固定螺钉。
提示：
◆有 3 个固定螺钉。</td></tr>
<tr><td>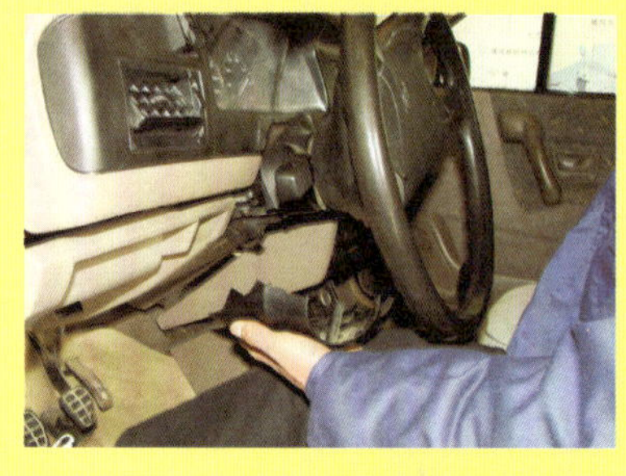</td><td>（2）取下组合开关下护罩。</td></tr>
<tr><td></td><td>3. 拆卸中央仪表台左下护罩。
（1）卸下左下护罩固定螺钉。
提示：
◆共有 3 个固定螺钉。</td></tr>
</table>

<table>
<tr><td></td><td>（2）取出中央仪表台左下护罩。</td></tr>
<tr><td></td><td>4. 拆卸中央继电器盒固定螺钉。</td></tr>
<tr><td></td><td>5. 向外拉出中央继电器盒。
提示：
◆向外上方拉出中央继电器盒。
注意：
不可过多拉拽中央继电器盒，以防损坏插头和导线。</td></tr>
<tr><td colspan="2">九、拆卸离合器总泵</td></tr>
<tr><td></td><td>1. 卸下推杆卡环。
提示：
◆可用一字旋具撬出卡环。</td></tr>
</table>

	2. 取出推杆连接销钉。
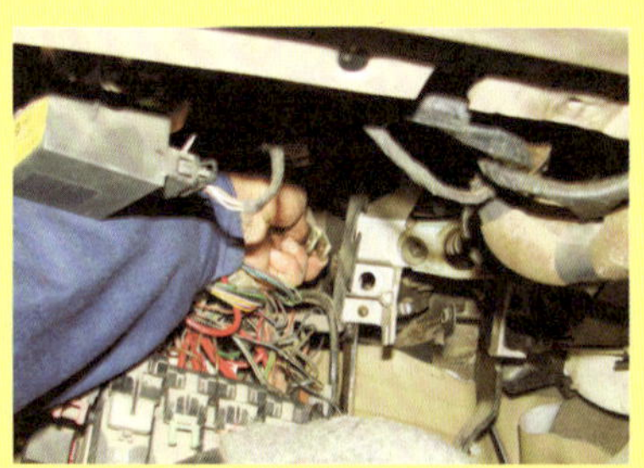	3. 将推杆从离合器踏板上移开。
	4. 卸下离合器总泵固定螺栓。
	5. 移开冷却液储液罐。 (1) 拔下冷却液液面报警传感器的插头。 提示： ◆捏住插头向外拔出，不可拉拽导线，以防损坏线束。

	（2）将冷却液储液罐向上抬出，并移开。 提示： ◆此步骤是为了便于拆卸离合器总泵出油管。
	6. 拆下离合器输油软管。 提示： ◆回收液压油，以防污染车辆和场地。
	7. 拆下离合器总泵出油管。
	8. 取出离合器总泵。

训练评价

考核要求：

1. 在规定的时间内完成变速器总成和离合器的拆卸，使之符合技术标准。
2. 在操作过程中出现的违规操作，应及时指正。
3. 符合安全文明生产的要求。

考核标准：

考评标准表——变速器总成和离合器的拆卸

考核时间	考 核 项 目	分值	评分标准与指导	评价结果
120 min	正确使用工具	10	工具使用不当酌情扣分，并指正	
	拆卸离合器工作缸	10	按要求酌情扣分，并指正	
	拆卸换挡杆	10	按要求酌情扣分，并指正	
	拆卸变速器外围附件	10	按要求酌情扣分，并指正	
	拆卸变速器总成	10	按要求酌情扣分，并指正	
	拆卸离合器	10	按要求酌情扣分，并指正	
	拆卸与分解分离杠杆	10	按要求酌情扣分，并指正	
	拆卸中央继电器盒	10	按要求酌情扣分，并指正	
	拆卸离合器总泵	10	按要求酌情扣分，并指正	
	整理工具、清理现场	10	每项扣 2 分，扣完为止	
	遵守相关安全操作规范		因违规操作发生人身和设备事故，终止考核，成绩按 0 分计 超时每分钟扣 1 分，超时 10 min 终止考核	
	分数合计	100		

实训报告：

1. 叙述变速器总成和离合器的拆卸步骤。
2. 叙述拆卸变速器总成和离合器的注意事项。

任务2 变速器总成和离合器的装配

实训目标：

1. 掌握在实车上装配手动变速器总成的操作步骤和注意事项。
2. 掌握离合器的装配方法和注意事项。
3. 掌握离合器总泵的装配和排气的方法。
4. 了解离合器的调整方法。

实训设备：

1. 桑塔纳2000实车（手动挡）1辆，举升机1台，零件车1台，工具车1台。
2. 常用工具1套，汽车专用工具1套，变速器拆装台1台，抹布若干。
3. 桑塔纳2000维修手册1套，相关挂图。

技能训练：

一、操作前准备工作	
	将工位清理干净，准备好相关的工具、物品等。 提示： ◆培养良好的工作习惯，做好事前准备，有助于安全操作和提高工作效率。
二、装复离合器总泵	
	1. 将离合器总泵安装到位。

	2. 拧紧离合器总泵固定螺栓。 提示： ◆固定螺栓的拧紧力矩为 20 N·m。
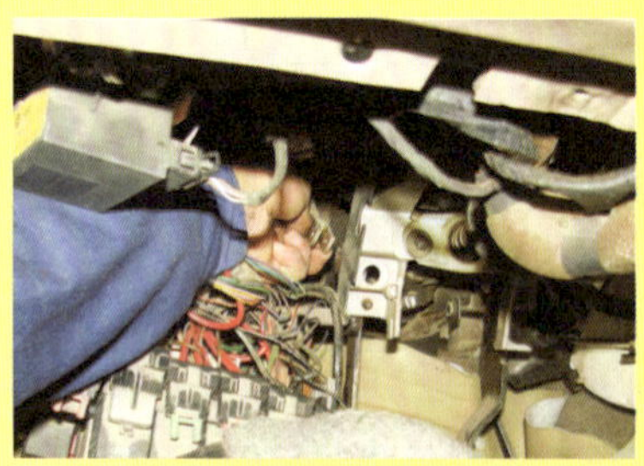	3. 将推杆安装到离合器踏板上。
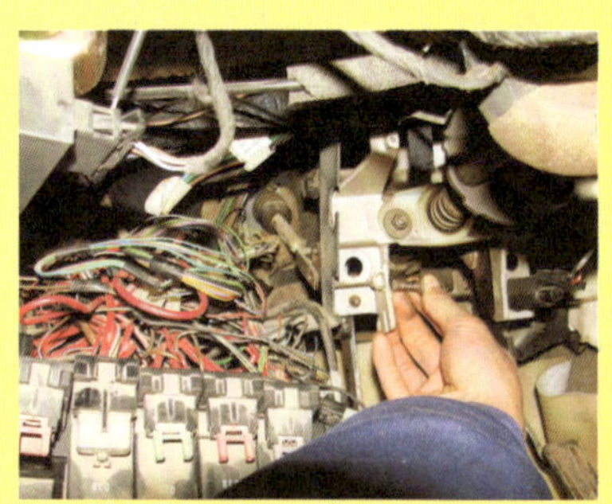	4. 插入推杆连接销钉。 提示： ◆销钉从右向左装入，便于卡环安装。
	5. 装复推杆卡环。 提示： ◆卡环装入后，必须确保牢固。

	6. 安装离合器总泵出油管。
	7. 安装离合器输油软管。 提示： ◆回收液压油，以防污染车辆和场地。
	8. 装复冷却液储液罐。
三、安装分离杠杆	
	1. 检查分离轴承的性能。 提示： ◆用手转动分离轴承，应无松旷、发卡现象，应无噪声。

	2. 将分离轴承组装至分离杠杆上。
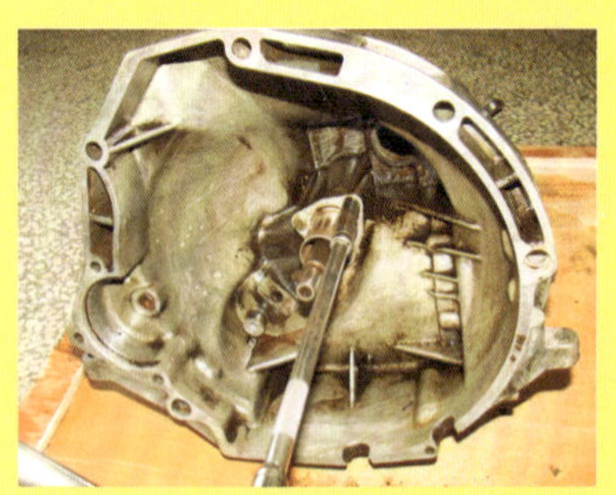	3. 装复分离轴承套管，并紧固固定螺栓。 提示： ◆固定螺栓的拧紧力矩为 20 N·m。
	4. 装配分离杠杆支座。
	5. 安装分离杠杆及分离轴承。 （1）将分离杠杆安装在变速器上。

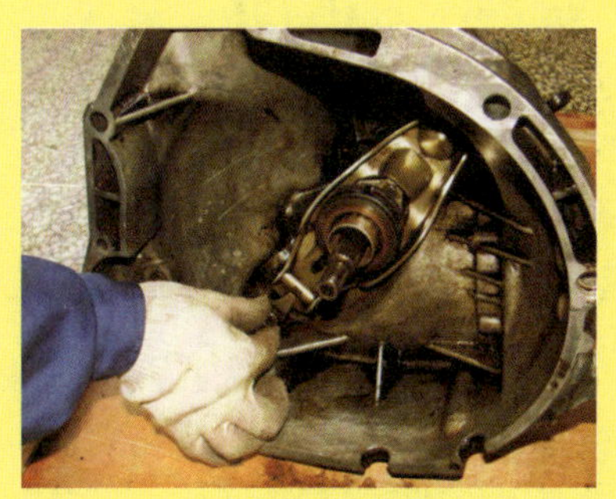	（2）装复分离杠杆定位弹簧片。
	6. 拧紧分离杠杆固定螺栓。 提示： ◆固定螺栓的拧紧力矩为 20 N·m。
四、安装离合器	
	1. 装配离合器摩擦片。 提示： ◆装配时摩擦片平面朝向飞轮。 ◆离合器摩擦片表面不可沾油污，以防装复后造成摩擦片打滑。
	2. 装配离合器压盘。 提示： ◆注意对上拆卸时所做的记号。

<table>
<tr><td></td><td>3. 定位离合器摩擦片。
提示：
◆用变速器输入轴插入飞轮使摩擦片定位。</td></tr>
<tr><td>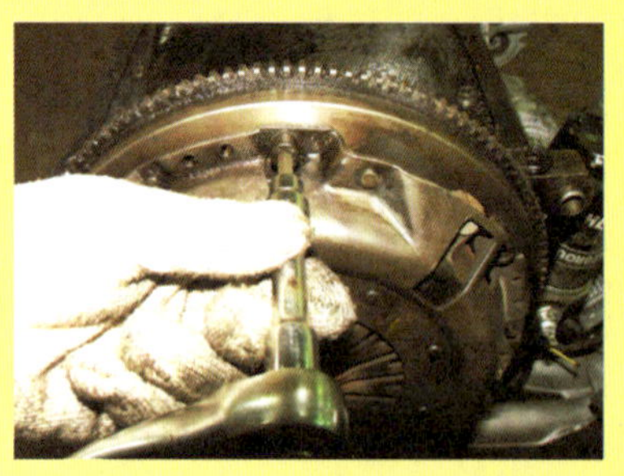</td><td>4. 紧固离合器压盘固定螺栓。
提示：
◆分 2～3 次对角拧紧离合器压盘固定螺栓。
◆固定螺栓的拧紧力矩为 40 N·m。</td></tr>
<tr><td colspan="2">五、安装变速器总成</td></tr>
<tr><td></td><td>1. 抬起变速器总成，将变速器总成上的输入轴对准离合器的从动盘，推入变速器总成。
注意：
抬起变速器总成的过程中要注意安全。
2. 拧紧变速器与发动机之间的连接螺栓。
提示：
◆分 2～3 次对角拧紧。
◆连接螺栓的拧紧力矩为 70 N·m。
注意：
注意保持发动机稳固，以防发生事故。</td></tr>
<tr><td colspan="2">六、安装变速器外围附件</td></tr>
<tr><td></td><td>1. 安装变速器减振垫和减振垫前支架。
提示：
◆固定螺栓的拧紧力矩为 100 N·m。</td></tr>
</table>

	2. 安装发动机中间支架。 提示： ◆固定螺栓的拧紧力矩为 70 N·m。
	3. 安装发动机前固定支架。 提示： ◆此处有两个螺栓。 ◆固定螺栓的拧紧力矩为 50 N·m。 注意： 用专用变速器拆装台固定变速器，以防发生事故。
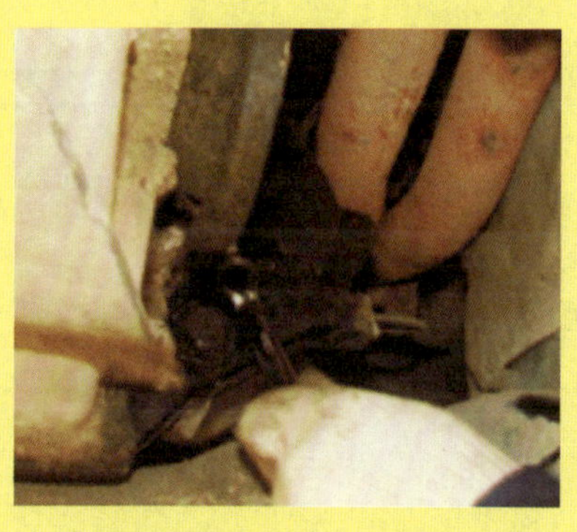	4. 安装起动机总成。 提示： ◆共有 3 个螺栓。 ◆固定螺栓的拧紧力矩为 30 N·m。
	5. 安装排气管固定支架。 提示： ◆只有 1 个螺栓。 ◆固定螺栓的拧紧力矩为 30 N·m。

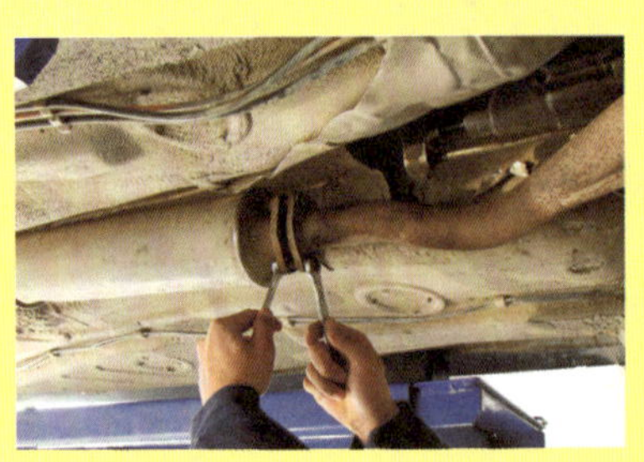	6. 安装第 2 节排气管。 提示： ◆共有 3 对螺栓和螺母。 ◆拧紧力矩为 30 N · m。
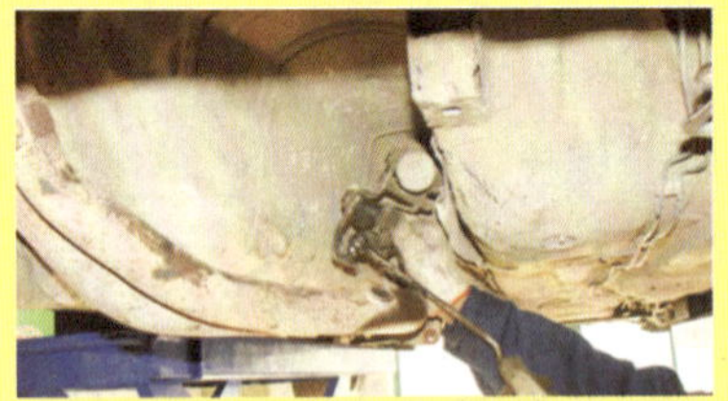	7. 装复分离杆。 （1）将分离杆球头装复到位。
	（2）拧紧变速器控制系统的内固定螺栓。 提示： ◆内固定螺栓的拧紧力矩为 10 N · m。
	8. 装复变速器前密封挡板。 提示： ◆只有 1 个螺栓。 ◆螺栓的拧紧力矩为 20 N · m。

	9. 装复左、右传动轴。 （1）在变速器上将传动轴安装到位。 （2）拧紧固定螺栓。 提示： ◆分 2～3 次对角拧紧。 ◆固定螺栓的拧紧力矩为 45 N·m。
	10. 插接倒车灯开关线束插头。 11. 装复氧传感器。 （1）安装氧传感器。 提示： ◆拧紧力矩为 50 N·m。 （2）插接氧传感器线束插头。
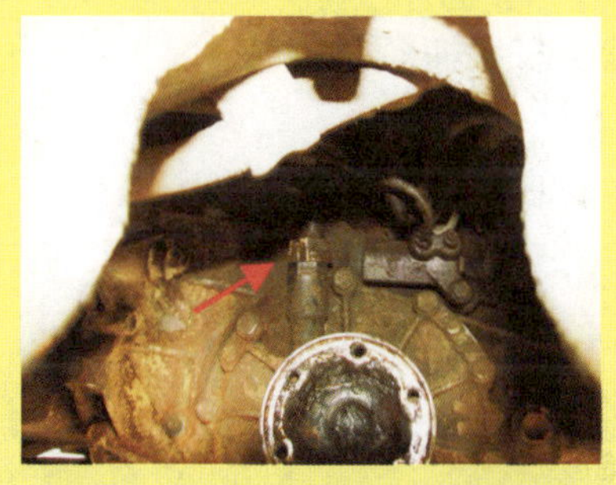	12. 插接车速传感器线束插头。
七、安装换挡杆	
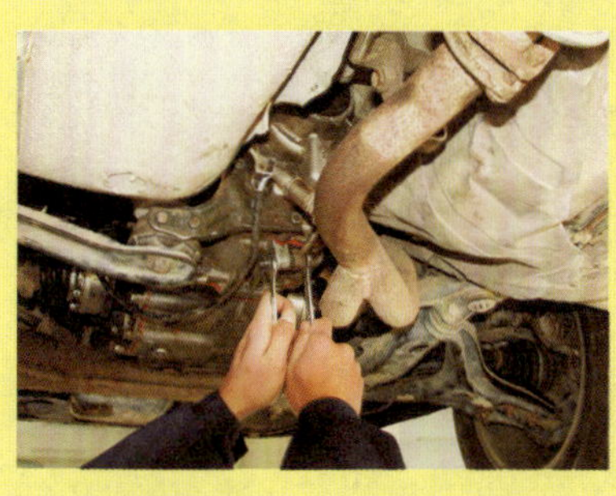	1. 装复下换挡杆。 提示： ◆此处有一对螺栓和螺母。 ◆拧紧力矩为 30 N·m。

	2. 使上下换挡杆接合，装复上换挡杆。
	3. 安装换挡杆防尘套。 提示： ◆检查防尘套是否损坏，如损坏应更换。
	4. 旋上换挡杆手柄。 注意： 应将手柄上的挡位方向图标调正。
八、装复离合器工作缸	
	1. 装复离合器工作缸。 提示： ◆用手轻轻向内晃动，防止损坏防尘套。

	2. 拧紧离合器工作缸固定螺栓。 提示： ◆固定螺栓的拧紧力矩为 30 N·m。
九、离合器的调整	
	1. 加注液压油。 提示： ◆将液压油加注到规定液面高度（上下限刻度之间）。
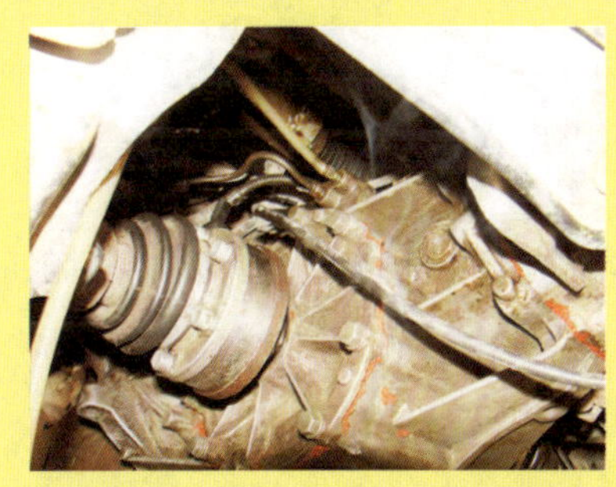	2. 将软管插在放气螺栓上。
	3. 反复踩踏离合器踏板 10～15 次，并保持在踩下位置。

	4. 旋松放气螺栓，将空气排出后拧紧放气螺栓。 提示： ◆重复以上两步骤，直至排放出的液压油里没有泡沫。 注意： 操作时，随时检查液压油的液面高度，如有缺少，应及时加注液压油至规定高度。
	5. 调节离合器踏板自由行程调节螺栓，使离合器踏板自由行程达到规定要求。 提示： ◆离合器踏板的自由行程为 20 mm ± 5 mm。 ◆离合器的主要作用有三个，即使车辆平稳起步、保证平顺换挡、防止传动系过载。
十、装复中央继电器盒	
	1. 将中央继电器盒装复到位。 注意： 不可过多拉拽中央继电器盒，以防损坏插头和导线。
	2. 拧紧中央继电器盒固定螺钉。

	3. 安装中央仪表台左下护罩。 （1）将中央仪表台左下护罩装复到位。
	（2）拧紧左下护罩固定螺钉。 提示： ◆共有 3 个固定螺钉。
	4. 安装组合开关下护罩。 （1）将组合开关下护罩装复到位。
	（2）拧紧组合开关下护罩固定螺钉。 提示： ◆共有 3 个固定螺钉。

5. 装复仪表板左下方小杂物箱。

6. 装复蓄电池负极接线。

训 练 评 价

考核要求：

1. 在规定的时间内完成变速器总成和离合器的装配，使之符合技术标准。
2. 在操作过程中出现的违规操作，应及时指正。
3. 符合安全文明生产的要求。

考核标准：

考评标准表——变速器总成和离合器的装配

考核时间	考 核 项 目	分值	评分标准与指导	评价结果
120 min	正确使用工具	10	工具使用不当酌情扣分，并指正	
	装复离合器总泵	10	按要求酌情扣分，并指正	
	安装分离杠杆	5	按要求酌情扣分，并指正	
	安装离合器	5	按要求酌情扣分，并指正	
	安装变速器总成	10	按要求酌情扣分，并指正	
	安装变速器外围附件	10	按要求酌情扣分，并指正	
	安装换挡杆	10	按要求酌情扣分，并指正	
	装复离合器工作缸	10	按要求酌情扣分，并指正	
	离合器的调整	10	按要求酌情扣分，并指正	

续表

考核时间	考 核 项 目	分值	评分标准与指导	评价结果
120 min	装复中央继电器盒	10	按要求酌情扣分，并指正	
	整理工具、清理现场	10	每项扣 2 分，扣完为止	
	遵守相关安全操作规范		因违规操作发生人身和设备事故，终止考核，成绩按 0 分计 超时每分钟扣 1 分，超时 10 min 终止考核	
	分数合计	100		

实训报告：

1. 叙述变速器总成和离合器的装配步骤。
2. 叙述离合器的调整方法。

任务 3　差速器的拆装与分解

实训目标：

1. 掌握拆装与分解差速器的操作步骤。
2. 掌握拆装与分解差速器的注意事项。
3. 了解差速器的作用和组成。

实训设备：

1. 变速器总成 1 台，零件车 1 台，工具车 1 台。
2. 常用工具 1 套，汽车专用工具 1 套，变速器拆装台 1 台，抹布若干。
3. 桑塔纳 2000 维修手册 1 套，相关挂图。

技能训练：

一、操作前准备工作

1. 将工位清理干净，准备好相关的工具、物品等。

提示：

◆培养良好的工作习惯，做好事前准备，有助于安全操作和提高工作效率。

<table>
<tr><td></td><td>2. 将变速器固定在变速器拆装台上。
3. 将油盆放置于变速器放油螺栓下方。
4. 松开放油螺栓，将变速器油放空。
注意：
安装后仔细检查变速器是否牢固。</td></tr>
<tr><td colspan="2">二、拆卸半轴</td></tr>
<tr><td>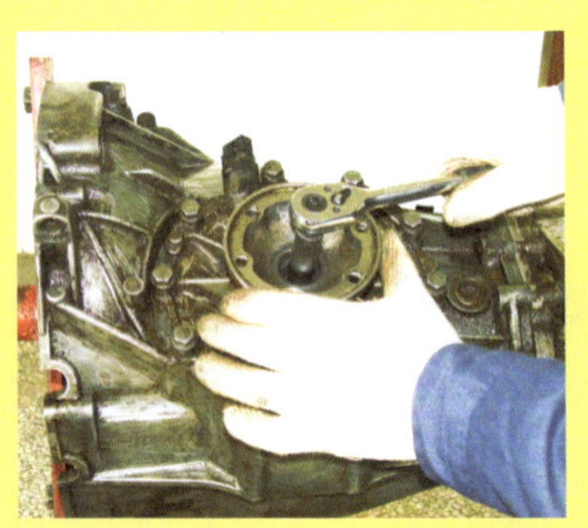</td><td>1. 拆卸差速器左半轴固定螺栓。
提示：
◆将变速器挂入四挡，并锁住变速器输入轴。</td></tr>
<tr><td>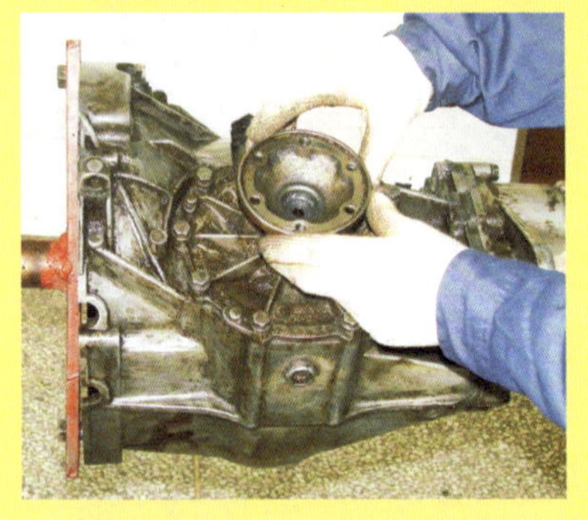</td><td>2. 取下差速器左半轴。
提示：
◆差速器右半轴的拆卸方法与左半轴相同。</td></tr>
<tr><td colspan="2">三、拆卸主减速器</td></tr>
<tr><td>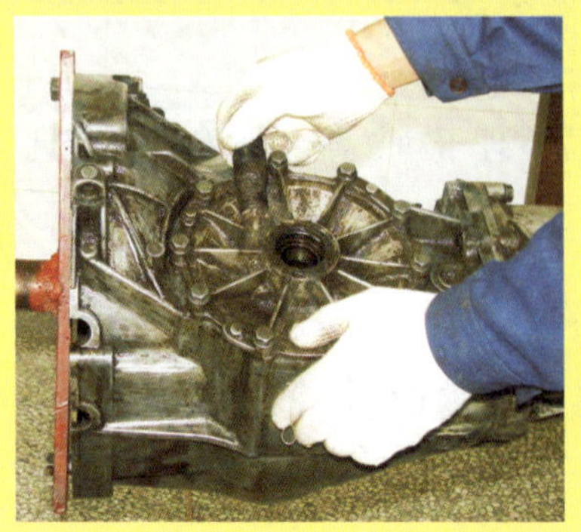</td><td>1. 拆下车速传感器。
提示：
◆车速传感器的作用是检测电控汽车的车速，使电控单元用这个输入信号来控制发动机怠速、自动变速器变矩器的锁止、自动变速器换挡及发动机冷却风扇的开闭和巡航定速等功能。</td></tr>
</table>

	2. 拆卸主减速器盖固定螺栓。 提示： ◆共有 10 个螺栓。 ◆将螺栓分 2 ~3 次对角松开。
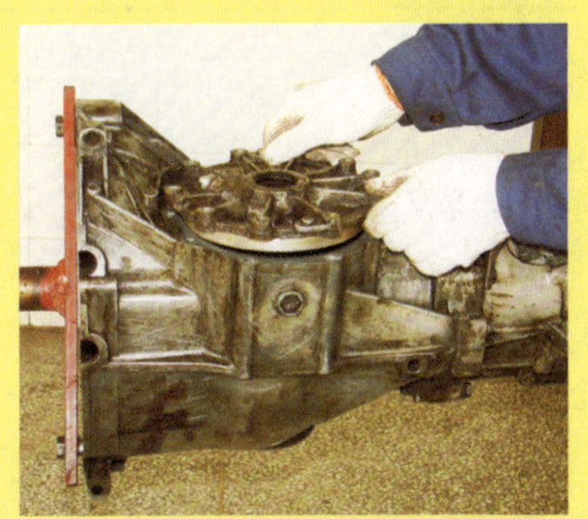	3. 取下主减速器盖。 提示： ◆用橡胶锤轻轻敲击端盖，拆下端盖。
	4. 取出主减速器总成。 提示： ◆减速器的主要作用是将变速器输出的动力进一步降低转速，增大转矩，并改变旋转方向，然后传递给驱动轮，以获得足够的汽车牵引力和适当的车速。 注意： 取出主减速器总成时小心，避免零件掉落，以防发生人身、设备安全事故。
四、分解主减速器	
	1. 在主减速器从动齿轮和壳体上标注记号。 提示： ◆标注记号的目的是保证在装复时不发生错位。

	2. 将差速器壳固定在台虎钳上。 注意： 用铝质的夹具固定差速器壳，以防损坏。
	3. 拆卸主减速器从动齿轮的固定螺栓。 提示： ◆共有 8 个螺栓。 ◆将螺栓分 2～3 次对角松开。
	4. 取下主减速器从动齿轮。
五、分解差速器	
	1. 取下差速器轴锁销。 提示： ◆用 ϕ4 mm 冲击销冲击取下差速器轴锁销。

	2. 取下差速器轴。
	3. 转动行星齿轮。 提示： ◆将行星齿轮转动 90°。
	4. 取出行星齿轮。 提示： ◆有两个行星齿轮。
	5. 取出差速器半轴齿轮。 提示： ◆有两个半轴齿轮。

<table>
<tr><td></td><td>6. 取下复合垫片。</td></tr>
<tr><td></td><td>7. 拆卸下的零件按顺序摆放整齐，以便装配。
提示：
◆培养良好的工作习惯，有助于安全操作和提高工作效率。</td></tr>
</table>

六、组装差速器

按照分解差速器的相反顺序装配，步骤如下：

1. 装配复合垫片。

2. 装配差速器半轴齿轮。

提示：

◆有两个半轴齿轮。

3. 装配行星齿轮。

提示：

◆装配时注意两个行星齿轮的轴孔对齐，否则差速器轴将无法装复。

4. 转动行星齿轮。

提示：

◆将行星齿轮转动90°。

◆将差速器壳体上的轴孔与两个行星齿轮的轴孔对齐。

5. 装配差速器轴。

提示：

◆将差速器轴上的销孔与差速器壳体上的销孔对齐。

6. 装配差速器轴锁销。

提示：

使用铜棒将锁销轻敲到位。

<table>
<tr><th colspan="2">七、装配主减速器</th></tr>
<tr><td colspan="2">按照分解主减速器的相反顺序装配，步骤如下：
1. 装配主减速器从动齿轮。
提示：
◆装配时注意对准分解时所标注的记号。
2. 将差速器壳固定在台虎钳上。
注意：
用铝质的夹具固定差速器壳，以防损坏。
3. 紧固主减速器从动齿轮的固定螺栓。
提示：
◆共有 8 个螺栓。
◆将螺栓分 2 ~3 次对角拧紧。
◆该螺栓的拧紧力矩为 70 N · m。</td></tr>
<tr><th colspan="2">八、装复主减速器和半轴</th></tr>
<tr><td></td><td>1. 将主减速器总成安装到位。
（1）将主减速器总成放入变速器壳体内。</td></tr>
<tr><td>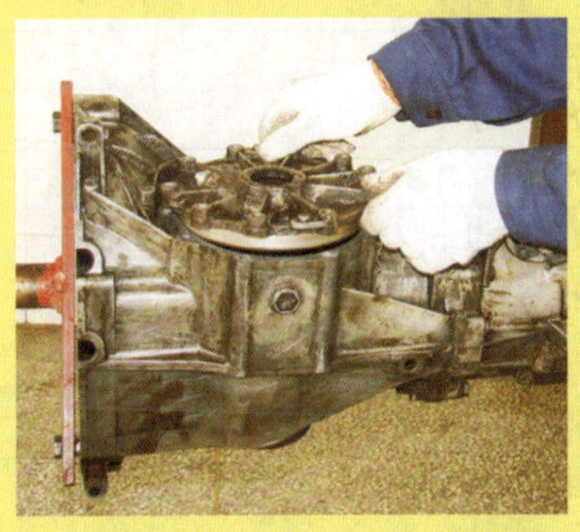</td><td>（2）装配主减速器盖。
提示：
◆共有 10 个螺孔，位置必须全部对正。</td></tr>
<tr><td></td><td>2. 紧固主减速器壳固定螺栓。
提示：
◆将螺栓分 2 ~3 次对角拧紧。
◆该螺栓的拧紧力矩为 30 N · m。</td></tr>
</table>

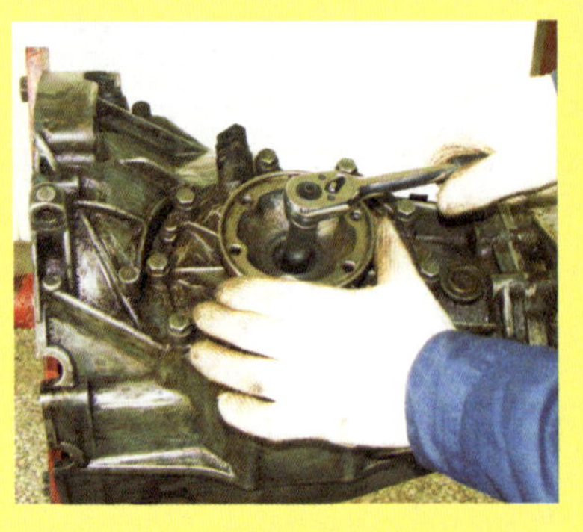

3. 装配半轴并紧固螺栓。

提示：

◆该螺栓的拧紧力矩为35 N·m。

训练评价

考核要求：

1. 在规定的时间内完成差速器的拆装与分解，使之符合技术标准。
2. 在操作过程中出现的违规操作，应及时指正。
3. 符合安全文明生产的要求。

考核标准：

考评标准表——差速器的拆装与分解

考核时间	考 核 项 目	分值	评分标准与指导	评价结果
45 min	正确使用工具	10	工具使用不当酌情扣分，并指正	
	排放变速器油	5	按要求酌情扣分，并指正	
	拆卸半轴	5	按要求酌情扣分，并指正	
	拆卸、分解主减速器	15	按要求酌情扣分，并指正	
	分解差速器	15	按要求酌情扣分，并指正	
	组装差速器	15	按要求酌情扣分，并指正	
	安装主减速器	20	按要求酌情扣分，并指正	
	安装半轴	5	按要求酌情扣分，并指正	
	整理工具、清理现场	10	每项扣2分，扣完为止	
	遵守相关安全操作规范		因违规操作发生人身和设备事故，终止考核，成绩按0分计 超时每分钟扣1分，超时10 min终止考核	
	分数合计	100		

实训报告：

1. 叙述差速器的拆装步骤。
2. 叙述差速器的分解方法。

任务4 传动轴的拆装与分解

实训目标：

1. 掌握拆卸、分解和组装传动轴的操作步骤。
2. 掌握拆卸、分解和组装传动轴的注意事项。
3. 了解传动轴的作用和组成。

实训设备：

1. 桑塔纳2000实车1辆，零件车1台，工具车1台。
2. 常用工具1套，汽车专用工具1套，抹布若干。
3. 桑塔纳2000维修手册1套，相关挂图。

技能训练：

一、操作前准备工作	
	将工位清理干净，准备好相关的工具、物品等。 提示： ◆培养良好的工作习惯，做好事前准备，有助于安全操作和提高工作效率。

二、拆卸传动轴	
	1. 拆卸前轮。 提示： 具体操作步骤和要求参照课题二任务1。

	2. 拆卸传动轴法兰螺栓。 提示： ◆共有 6 个螺栓。
	3. 拆卸悬架臂在车轮轴承壳上的紧固螺栓。
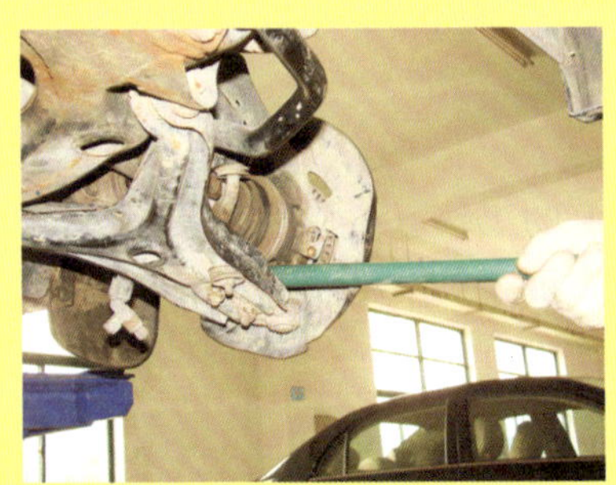	4. 用撬棒压出下臂球头。
	5. 从车轮轴承壳内拉出传动轴。 提示： ◆使用专用拉具将传动轴拉出。 ◆拆卸传动轴时轮毂绝对不能加热，否则会损坏车轮轴承。 ◆拆下传动轴后，不得移动车辆，以免损坏前轮轴承总成。

三、分解传动轴	
	提示： ◆传动轴的作用是使在不同轴心的两轴间、甚至在工作过程中相对位置不断变化的两轴间传递动力。
	1. 拆卸外万向节总成。 （1）夹开外万向节外防护罩上的夹箍。 提示： ◆也可使用钢锯锯开夹箍。
	（2）从传动轴上敲下外万向节。 提示： ◆使用铜锤敲击。
	（3）取出外万向节总成。
	2. 拆卸外防护罩。 （1）取出碟形座圈、隔套圈。

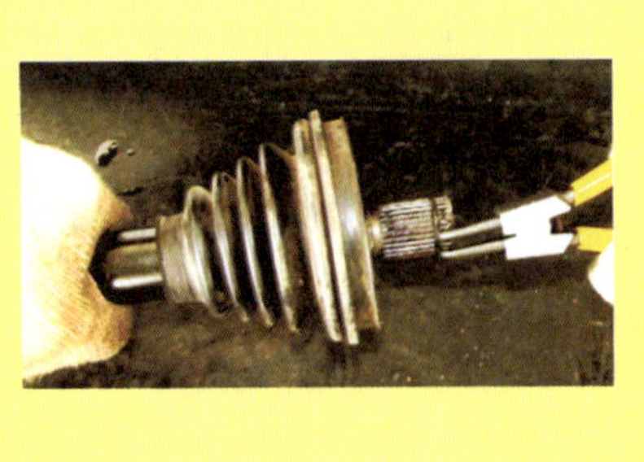	（2）卸下外万向节弹簧挡圈。
	（3）取出外防护罩。
	3. 分解外万向节。 （1）分解前，标出球毂与保持架和壳体的相对位置。
	（2）转动球毂和保持架。
	（3）拆卸钢球。 提示： ◆用手推出钢球。 ◆每个万向节有 6 个钢球。

	（4）拆下带有球毂的保持架。
	4. 拆卸内万向节总成。 （1）拆卸内万向节弹簧挡圈。
	（2）压出内万向节。 提示： ◆在专用压床上将万向节压出。
	（3）取出万向节与碟形座圈。

	（4）取出外防护罩。
	5. 分解内万向节。 （1）转动球毂和保持架。
	（2）压出万向节。
	（3）取出钢球。

<table>
<tr><td></td><td>（4）将零部件清洗后置于工作台上，检查磨损情况。
提示：
◆检查万向节、球毂、保持架及钢球是否有凹坑及发卡现象。
◆如果万向节内的游隙过大，换挡时能感到撞击，必须更换万向节。</td></tr>
<tr><td colspan="2">四、组装传动轴</td></tr>
<tr><td>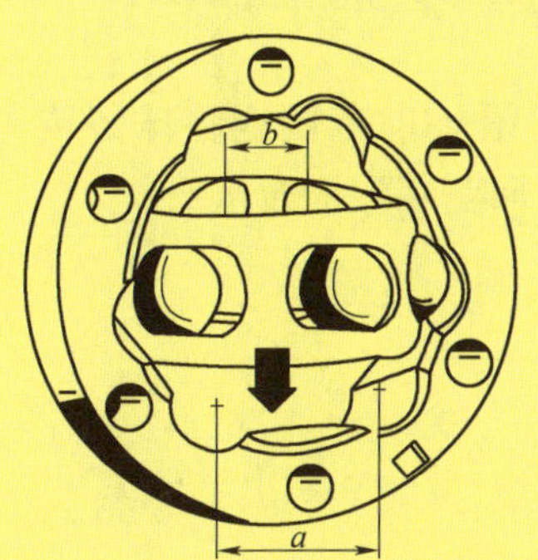
</td><td>1. 组装内万向节。
（1）通过两个倒棱，将球毂插入保持架，安装位置任意。
注意：
壳体上的宽边 a 与球毂上的窄边 b 必须对齐。球毂内径（花键）上的凹槽必须面对万向节大直径端。</td></tr>
<tr><td>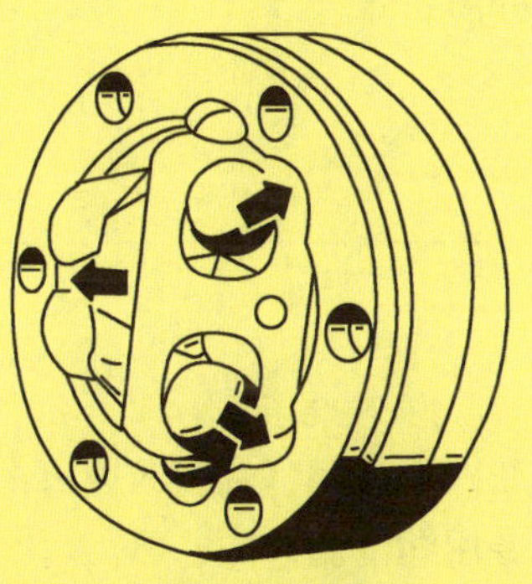</td><td>（2）把钢球压入保持架。
提示：
◆改变球毂的方向，就能把球毂从保持架下拿出来，因此钢球与壳体的轨道间有一定的距离。</td></tr>
<tr><td>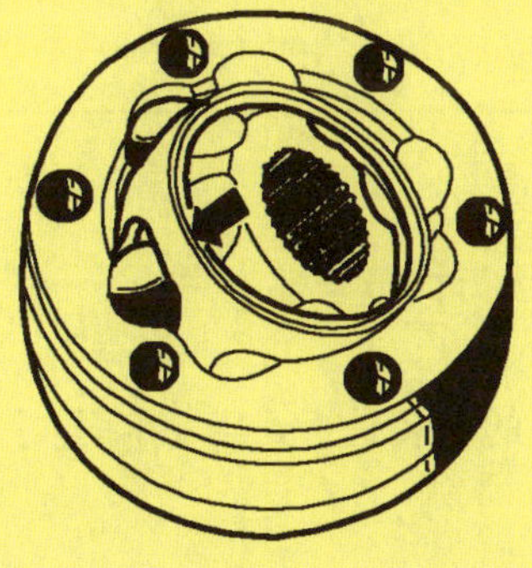</td><td>（3）把球毂、保持架、钢球垂直嵌入内万向节。
提示：
◆用力压保持架，就能把球毂和钢球完全装进万向节。</td></tr>
</table>

	（4）用压缩空气清洁内万向节内部杂物，并加注润滑脂。
	（5）检查内万向节的工作状况。 提示： ◆如果用手沿轴向范围能将球毂装进或移出，则证明内万向节装配正确。
	2. 安装内万向节。 （1）安装外防护罩。
	（2）装配新碟形座圈，并压入内万向节。 （3）加注专用润滑脂。
	（4）装配内万向节卡环。 提示： ◆检查卡环的安装是否到位、牢固。

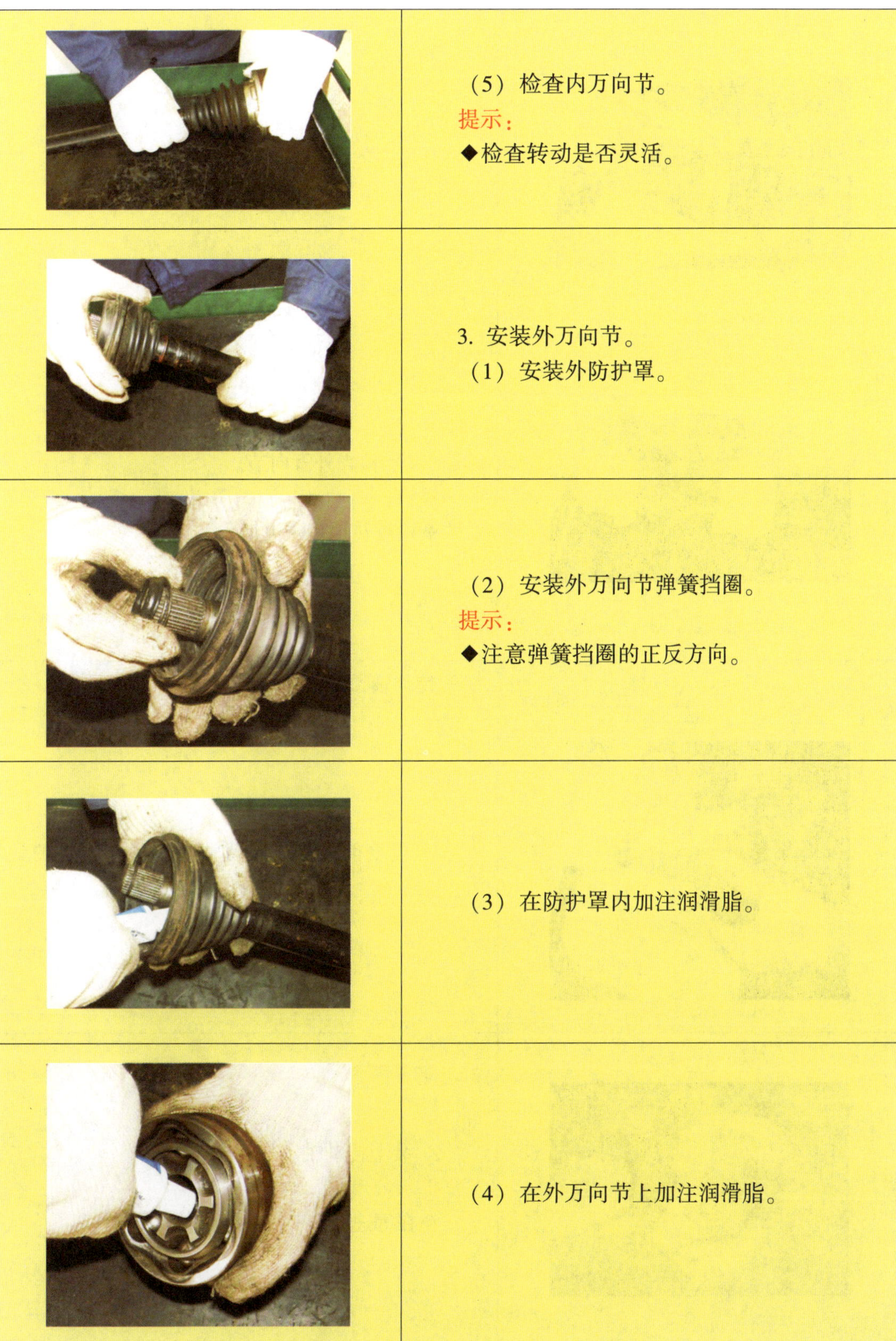

(5) 检查内万向节。

提示:

◆检查转动是否灵活。

3. 安装外万向节。

(1) 安装外防护罩。

(2) 安装外万向节弹簧挡圈。

提示:

◆注意弹簧挡圈的正反方向。

(3) 在防护罩内加注润滑脂。

(4) 在外万向节上加注润滑脂。

	（5）装上外万向节。 （6）用夹箍固定外防护罩。
	（7）检查外万向节。 提示： ◆检查转动是否灵活。
五、装配传动轴	
	1. 装复前，擦净传动轴与轮毂花键上的油污。
	2. 装上传动轴。 提示： ◆在等速万向节的花键上涂润滑脂。

	3. 将传动轴装复到变速器的凸缘轴上。
	4. 将球形接头装复到原位置，并拧紧螺栓。 提示： ◆传动轴法兰螺栓的拧紧力矩为 50 N·m。
	5. 检查车轮外倾角。 提示： ◆在前悬架下臂球头时，注意不要损坏波纹管护套。
	6. 安装前轮。 提示： ◆具体操作步骤和要求参照课题二任务 1。

训练评价

考核要求：

1. 在规定的时间内完成传动轴的拆装与分解，使之符合技术标准。
2. 在操作过程中出现的违规操作，应及时指正。
3. 符合安全文明生产的要求。

考核标准：

考评标准表——传动轴的拆装与分解

考核时间	考 核 项 目	分值	评分标准与指导	评价结果
45 min	正确使用工具	10	工具使用不当酌情扣分，并指正	
	拆卸传动轴	20	按要求酌情扣分，并指正	
	分解传动轴	20	按要求酌情扣分，并指正	
	组装传动轴	20	按要求酌情扣分，并指正	
	装配传动轴	20	按要求酌情扣分，并指正	
	整理工具、清理现场	10	每项扣2分，扣完为止	
	遵守相关安全操作规范		因违规操作发生人身和设备事故，终止考核，成绩按0分计 超时每分钟扣1分，超时10 min终止考核	
	分数合计	100		

实训报告：

1. 叙述传动轴的拆装步骤。
2. 叙述传动轴的分解方法。

课题六　手动变速器的拆装与检修

任务 1　手动变速器的分解

实训目标：

1. 掌握手动变速器分解的方法。
2. 掌握手动变速器分解的注意事项。
3. 了解手动变速器的组成。

实训设备：

1. 手动变速器总成 1 台，变速器拆装台 1 台，专用压床 1 台，零件车 1 台，工具车 1 台。
2. 常用工具 1 套，汽车专用工具 1 套，抹布若干。
3. 桑塔纳 2000 维修手册 1 套，相关挂图。

技能训练：

一、操作前准备工作

	1. 将工位清理干净，准备好相关的工具、物品等。 提示： ◆培养良好的工作习惯，做好事前准备，有助于安全操作和提高工作效率。
	2. 将变速器固定在变速器拆装台上。

	3. 将油盆放于变速器放油螺栓下方。
	4. 松开放油螺栓，将变速器油放空。 注意： 安装后仔细检查变速器是否牢固。
	5. 拆卸差速器总成。 提示： ◆具体操作步骤参照课题五任务 3。
二、拆卸后端盖	
	1. 拆卸倒车灯开关。

	2. 拆卸变速器后端盖的密封盖。
	3. 拆卸输出轴固定螺栓。 提示： ◆拆卸时需要锁住输入轴。
	4. 拆卸后端盖固定螺栓。 提示： ◆共有 10 个螺栓。 ◆将螺栓分 2～3 次对角松开。
	5. 取下后端盖。

三、分解后端盖	
	1. 拆下后端盖内换挡杆油封。
	2. 拆下内换挡杆的衬套。
	3. 取下挡油圈和后盖轴承。
	4. 拆下挡位定位销。

<table>
<tr><th colspan="2">四、拆卸换挡操纵机构</th></tr>
<tr><td></td><td>1. 拆卸五挡同步器总成、齿轮及滚针轴承、内衬套等。</td></tr>
<tr><td></td><td>（1）取出五挡拨叉锁销。
提示：
◆锁销用铜棒轻敲取出。</td></tr>
<tr><td></td><td>（2）接着把拨叉向左转动。
提示：
◆向左转动的作用是使拨叉离开滑杆，以便于拆卸。</td></tr>
<tr><td></td><td>（3）取出五挡同步器总成及齿轮。
提示：
◆注意拨叉的方向。</td></tr>
</table>

	（4）取出五挡滚针轴承。 提示： ◆检查滚针轴承磨损情况，如磨损严重需更换。
	（5）取出五挡内衬套。
	（6）取出垫圈。 提示： ◆垫圈的作用是减小五挡齿轮端面与壳体间运动产生的磨损。
	2. 取出换挡滑杆。 提示： ◆边转边向外拉出换挡滑杆。

	3. 取出一/二挡拨叉锁销。
	4. 取出一/二挡拨叉。
	5. 拆卸五挡常啮合齿轮固定螺母。
	6. 取出五挡常啮合齿轮。

五、拆卸壳体总成	
	1. 拆卸壳体固定螺栓。 提示： ◆共有 11 个螺栓。 ◆分 2～3 次对角拧松螺栓。
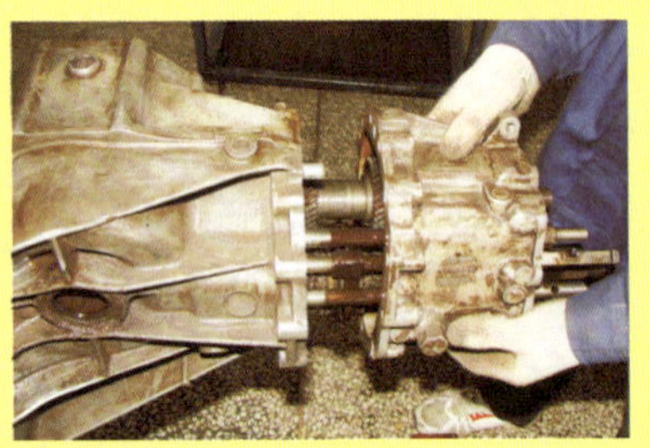	2. 取下壳体总成。 提示： ◆如果壳体太紧，可用铜棒敲击固定位置，不可用旋具撬两接触面，以防止漏油。
六、分解五挡同步器总成	
	提示： ◆同步器的作用：换挡过程中，同步器能使准备啮合的那一对齿轮（或接合套和齿圈）的圆周速度达到相等（即同步），使之平顺地挂上挡。否则，将使两齿轮轮齿间发生冲击和噪声，影响齿轮的寿命。 ◆五挡同步器的作用：在汽车运行时，顺利地挂入五挡，避免发生打齿的现象。
	1. 取下五挡同步器齿圈。

	2. 取下五挡同步器齿环。
	3. 取下五挡同步器接合套。
	4. 取下五挡同步器滑块。
	5. 取下五挡同步器外滑块弹簧。

	6. 取下五挡同步器内滑块弹簧。
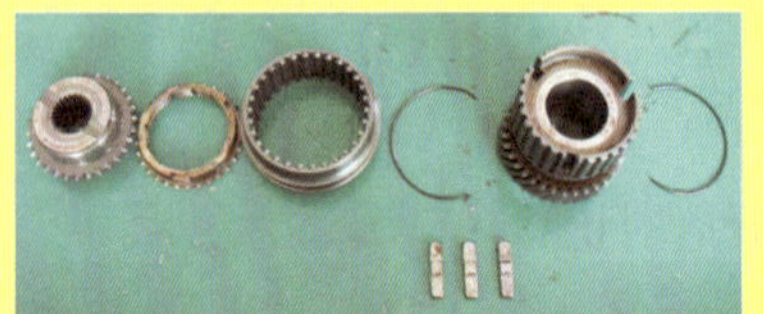	提示： ◆按顺序将零部件置于工作台上，以便检查和组装。
七、分解壳体总成	
	1. 拆卸自锁装置。 提示： ◆自锁装置的作用：在每一根叉轴上制有凹槽，在变速器盖上装有锁球和弹簧，当在空挡或换进挡位时，锁球在弹簧压力下卡在叉轴的凹槽内，以固定换挡叉轴，避免叉轴自行移动而脱挡（又称跳挡）。
	（1）取出一/二挡自锁闷头。

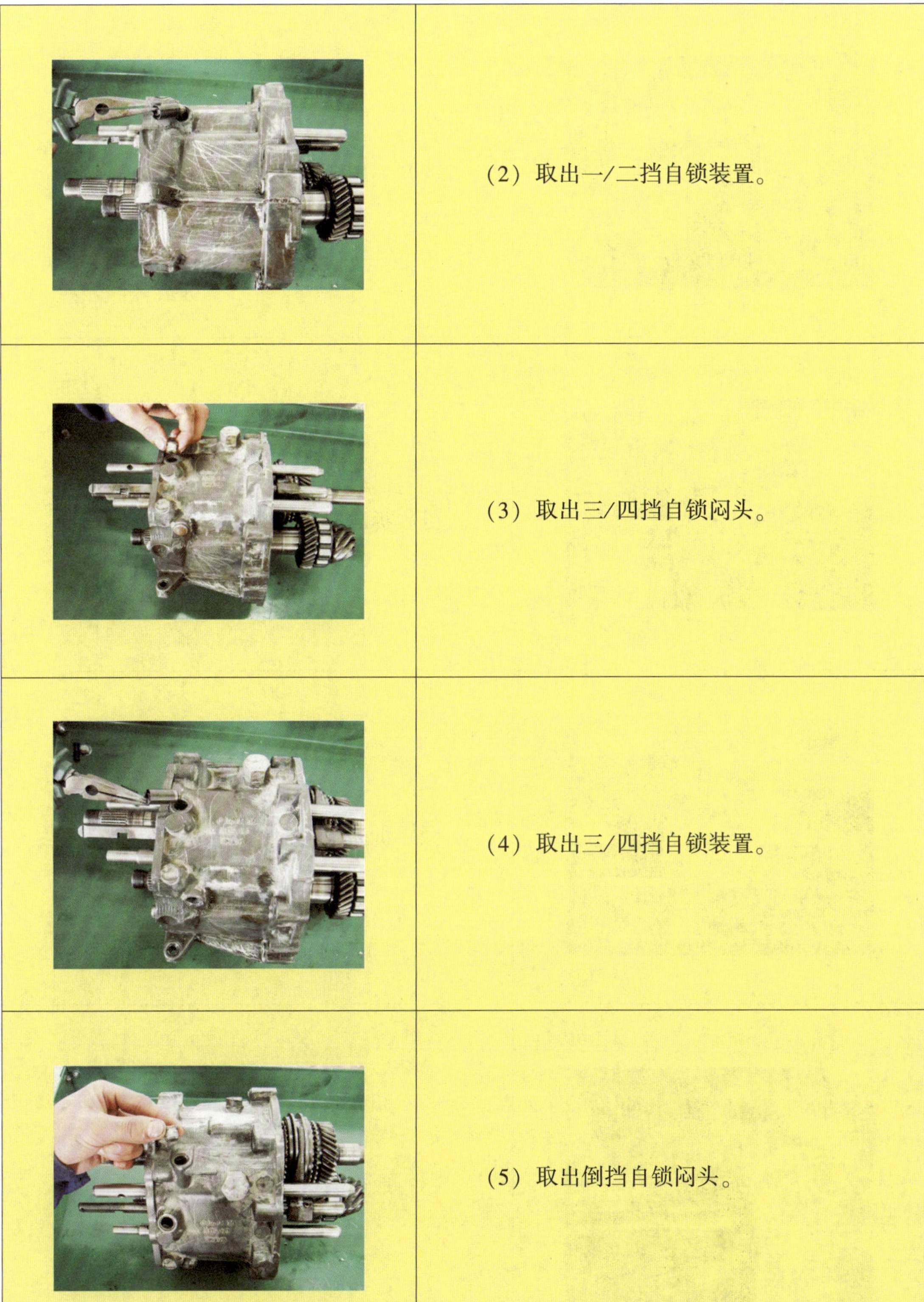

	（2）取出一/二挡自锁装置。
	（3）取出三/四挡自锁闷头。
	（4）取出三/四挡自锁装置。
	（5）取出倒挡自锁闷头。

	（6）取出倒挡自锁装置。
	2. 拆卸倒挡拨叉。 （1）拆卸倒挡拨叉定位螺栓。
	（2）拆卸倒挡拨叉固定螺栓。
	（3）取出倒挡拨叉轴。

	（4）取出倒挡拨叉。
	3. 取出三/四挡拨叉轴。
	4. 取出互锁装置。 提示： ◆变速器在 3 根换挡叉轴之间装有 4 个锁球和 1 根联锁销。当移动一根叉轴时，锁球便从该轴侧面的凹槽中被挤出，而将另外两根叉轴锁住，从而保证同一时刻只能换上一个挡。
	5. 拆卸输出轴隔垫固定螺栓。

	6. 压出变速器齿轮。 提示： ◆使用专用压床压出齿轮，以防损坏零件。
	7. 取出倒挡轴。
	8. 取出倒挡齿轮。
	9. 拆卸输入轴的中间轴承卡环和轴承。

八、分解输入轴	
	1. 拆下四挡齿轮卡环。 提示： ◆拆卸时用外卡钳，并注意不要刮伤输入轴。
	2. 取下四挡齿轮。
	3. 取下四挡滚针轴承。 提示： ◆滚针轴承为易损件，拆下时应检查有无损伤。
	4. 拆卸同步器卡环。 提示： ◆检查同步器卡环是否损坏。
	5. 取出三/四挡同步器总成。

	6. 取下三挡齿轮。
	7. 取下三挡滚针轴承。
九、分解三/四挡同步器总成	
	1. 取下同步器四挡锁环。
	2. 取下同步器三挡锁环。

	3. 取下同步器接合套。
	4. 取下同步器滑块。
	5. 取下同步器滑块弹簧。 提示： ◆两面各有一根滑块弹簧。
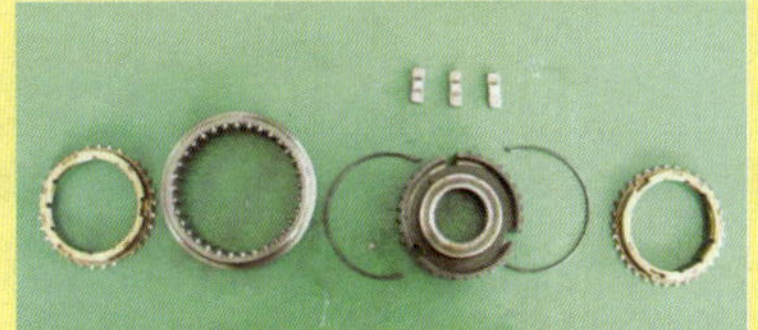	提示： ◆按顺序将零部件置于工作台上，以便检查和组装。

十、分解输出轴	
	1. 拆下输出轴内后外轴承和外圈。 提示： ◆用专用压床压出输出轴内后外轴承和外圈。
	2. 拆下输出轴内后内轴承。
	3. 拆卸输出轴隔垫。
	4. 拆卸一挡齿轮。
	5. 拆卸一挡滚针轴承。
	6. 拆卸一挡轴承衬套。

7. 取出一/二挡同步器齿环。

8. 取出一/二挡同步器总成。

9. 取出二挡滚针轴承齿轮。

10. 拆下三挡常啮合齿轮锁环。

11. 拆卸三挡常啮合齿轮。

提示：

◆用专用压床压出三挡常啮合齿轮。

12. 拆卸四挡常啮合齿轮。

提示：

◆用专用压床压出四挡常啮合齿轮。

十一、分解一/二挡同步器总成	
	1. 取下同步器一挡锁环。
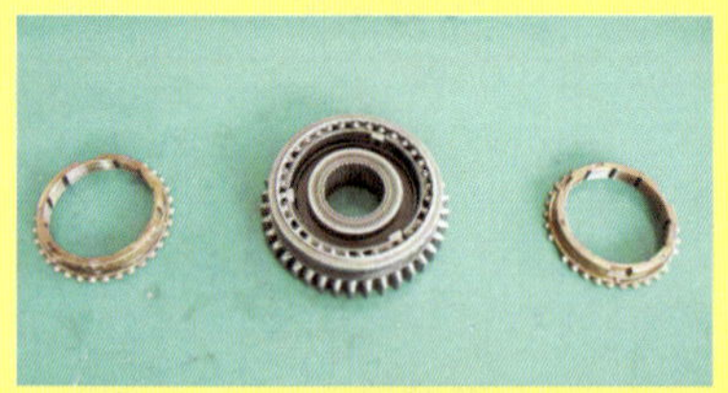	2. 取下同步器二挡锁环。
	3. 取下同步器接合套。
	4. 取下同步器滑块。
	5. 取下同步器滑块弹簧。 提示： ◆两面各有一根滑块弹簧。

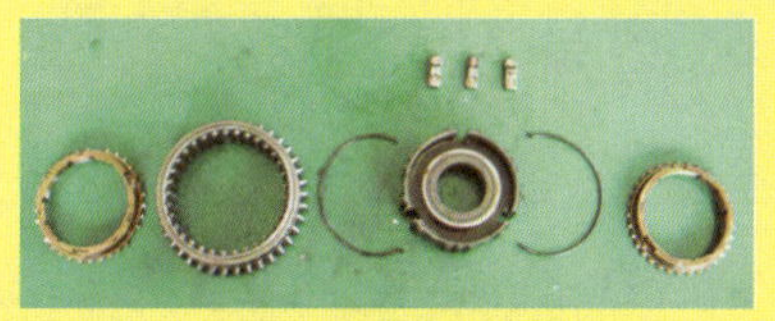

提示：

◆按顺序将零部件置于工作台上，以便检查和组装。

训练评价

考核要求：

1. 在规定的时间内完成手动变速器的分解，使之符合技术标准。
2. 在操作过程中出现的违规操作，应及时指正。
3. 符合安全文明生产的要求。

考核标准：

考评标准表——手动变速器的分解

考核时间	考核项目	分值	评分标准与指导	评价结果
60 min	正确使用工具	10	工具使用不当酌情扣分，并指正	
	拆卸后端盖	10	按要求酌情扣分，并指正	
	分解后端盖	5	按要求酌情扣分，并指正	
	拆卸换挡操纵机构	10	按要求酌情扣分，并指正	
	拆卸壳体总成	10	按要求酌情扣分，并指正	
	分解五挡同步器总成	5	按要求酌情扣分，并指正	
	分解壳体总成	10	按要求酌情扣分，并指正	
	分解输入轴	10	按要求酌情扣分，并指正	
	分解三/四挡同步器总成	5	按要求酌情扣分，并指正	
	分解输出轴	10	按要求酌情扣分，并指正	
	分解一/二挡同步器总成	5	按要求酌情扣分，并指正	
	整理工具、清理现场	10	每项扣2分，扣完为止	
	遵守相关安全操作规范		因违规操作发生人身和设备事故，终止考核，成绩按0分计 超时每分钟扣1分，超时10 min终止考核	
	分数合计	100		

实训报告：

1. 叙述分解手动变速器的步骤。
2. 叙述分解手动变速器的注意事项。

任务 2 手动变速器零部件的清洗与检查

实训目标：

1. 掌握清洗、检查手动变速器零部件的方法。
2. 能判断零部件的质量状况。

实训设备：

1. 手动变速器总成 1 台，零件车 1 台，工具车 1 台。
2. 常用工具 1 套，汽车专用工具 1 套，油盆，汽油（或溶剂），软毛刷，抹布若干。
3. 桑塔纳 2000 维修手册 1 套，相关挂图。

技能训练：

一、操作前准备工作

将工位清理干净，准备好相关的工具、量具等物品。

提示：

◆培养良好的工作习惯，做好事前准备，有助于安全操作和提高工作效率。

注意：

远离火源，以防引发火灾。

二、清洗零部件

1. 清洗壳体。

提示：

◆使用软毛刷和汽油（或溶剂），彻底清洗零部件。

注意：

密封圈等橡胶件、塑料件不可用汽油清洗。

	2. 清洗齿轮。
	3. 清洗同步器。
	4. 吹干零部件。 提示： ◆用压缩空气吹干零部件。 ◆为避免飞溅，可用抹布遮挡。
三、检查零部件	
	1. 检查齿轮磨损情况。 提示： ◆若齿轮出现偏磨，必须更换。

	2. 检查齿轮损坏情况。 提示： ◆断齿、裂齿的齿轮（左图为损坏的齿轮），必须更换。
	3. 检查同步器齿套磨损情况。 提示： ◆若齿尖磨损、滑块定位槽磨损，必须更换。
	4. 检查同步器锁环磨损情况。 提示： ◆若齿尖磨损，必须更换。
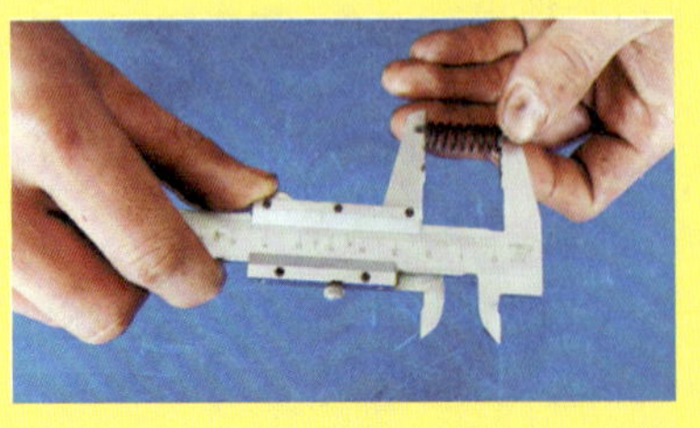	5. 检测自锁装置弹簧。 提示： ◆检查弹簧的弹力和长度。

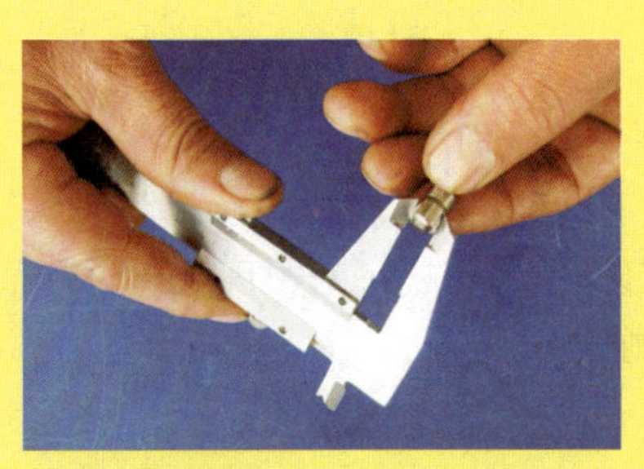	6. 检测互锁装置。 提示： ◆检查锁销的直径和磨损情况。
	7. 检测输入轴弯曲度。 提示： ◆将输入轴放置在 V 形架上，使用磁性百分表进行测量。
	8. 检测输入轴磨损量。 提示： ◆使用外径千分尺测量输入轴轴颈部位的磨损量。
	9. 检测输出轴磨损量。 提示： ◆使用外径千分尺测量输出轴轴颈部位的磨损量。

	10. 检测壳体平面度。 提示： ◆使用刀口角尺和塞尺对中间壳体后端面进行平面度检测。
	11. 检查滚针轴承磨损情况。 提示： ◆检查滚针和支架有无断裂现象。 ◆检查滚针有无松旷现象。
	12. 检查圆锥轴承磨损情况。 提示： ◆检查滚柱和支架有无断裂现象。 ◆检查滚柱有无松旷现象。

训 练 评 价

考核要求：

1. 在规定的时间内完成手动变速器零部件的清洗与检查，使之符合技术标准。
2. 正确判断零部件是否符合技术标准。
3. 在操作过程中出现的违规操作，应及时指正。
4. 符合安全文明生产的要求。

考核标准：

考评标准表——手动变速器零部件的清洗与检查

考核时间	考 核 项 目	分值	评分标准与指导	评价结果
45 min	正确使用工具、量具	10	工具、量具使用不当酌情扣分，并指正	
	清洗手动变速器零部件	5	按要求酌情扣分，并指正	
	检查齿轮	5	按要求酌情扣分，并指正	
	检查同步器	10	按要求酌情扣分，并指正	
	检测自锁装置	5	按要求酌情扣分，并指正	
	检测互锁装置	5	按要求酌情扣分，并指正	
	检测输入轴弯曲度	20	按要求酌情扣分，并指正	
	检测输入轴磨损量	10	按要求酌情扣分，并指正	
	检测输出轴磨损量	10	按要求酌情扣分，并指正	
	检测壳体平面度	5	按要求酌情扣分，并指正	
	检查滚针轴承、圆锥轴承	5	按要求酌情扣分，并指正	
	整理工具、清理现场	10	每项扣2分，扣完为止	
	遵守相关安全操作规范		因违规操作发生人身和设备事故，终止考核，成绩按0分计 超时每1 min扣1分，超时5 min终止考核	
	分数合计	100		

实训报告：

1. 叙述手动变速器零部件的检查项目。
2. 叙述清洗手动变速器零部件的注意事项。

任务3　手动变速器的组装

实训目标：

1. 掌握组装手动变速器的方法。
2. 掌握组装手动变速器的注意事项。
3. 掌握组装手动变速器的技术要求。

实训设备：

1. 手动变速器总成1台，变速器拆装台1台，专用压床1台，1零件车1台，工具车1台。
2. 常用工具1套，汽车专用工具1套，抹布若干。
3. 桑塔纳2000维修手册1套，相关挂图。

技能训练：

一、操作前准备工作	
	将工位清理干净，准备好相关的工具、物品等。 提示： ◆培养良好的工作习惯，做好事前准备，有助于安全操作和提高工作效率。
二、组装输出轴	
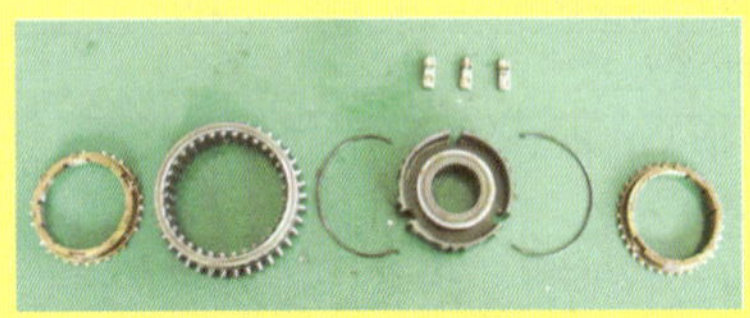	1. 装配一/二挡同步器总成。
	（1）将齿毂装入接合套。 提示： ◆将齿毂的缺口对准接合套的凹槽后装入。
	（2）安装滑块。 提示： ◆滑块的凸面对准接合套的凹槽方向。

	（3）安装滑块弹簧。 提示： ◆两面各有一根滑块弹簧。 ◆安装滑块弹簧时，必须锁住 3 个滑块。
	（4）安装同步器锁环。 提示： ◆两面各有一个同步器锁环。 ◆锁环上的凹槽对准滑块安装。
	注意： 一/二挡同步器总成损坏将导致不能顺利自如地挂入一、二挡挡位，并将从变速器内部发出齿轮撞击声。
	2. 安装四挡常啮合齿轮。 提示： ◆先装入前轴承再使用专用压床压上四挡常啮合齿轮。

	3. 安装三挡常啮合齿轮。 提示： ◆使用专用压床压上三挡常啮合齿轮。
	4. 安装三挡常啮合齿轮锁环。
	5. 安装二挡滚针轴承。
	6. 安装二挡齿轮。
	7. 安装一/二挡同步器总成、齿环。 提示： ◆同步器的方向不可安装错误，否则挡位无法挂入。
	8. 安装一挡轴承衬套及滚针轴承。
	9. 安装一挡齿轮。

	10. 安装输出轴隔垫。
	11. 安装输出轴内后内轴承。
	12. 安装输出轴内后外轴承和外圈。 提示： ◆使用专用压床压上输出轴内后外轴承和外圈。
三、组装输入轴	
	1. 装配三/四挡同步器总成。
	（1）将齿毂装入接合套。 提示： ◆将齿毂的缺口对准接合套的凹槽后装入。

	（2）安装滑块。 提示： ◆滑块的凸面对准接合套的凹槽方向。
	（3）安装滑块弹簧。 提示： ◆两面各有一根滑块弹簧。 ◆安装滑块弹簧时，必须锁住 3 个滑块。
	（4）安装同步器锁环。 提示： ◆两面各有一个同步器锁环。 ◆锁环上的凹槽对准滑块安装。
	注意： 三/四挡同步器总成损坏将导致不能顺利自如地挂入三、四挡挡位，并将从变速器内部发出齿轮撞击声。

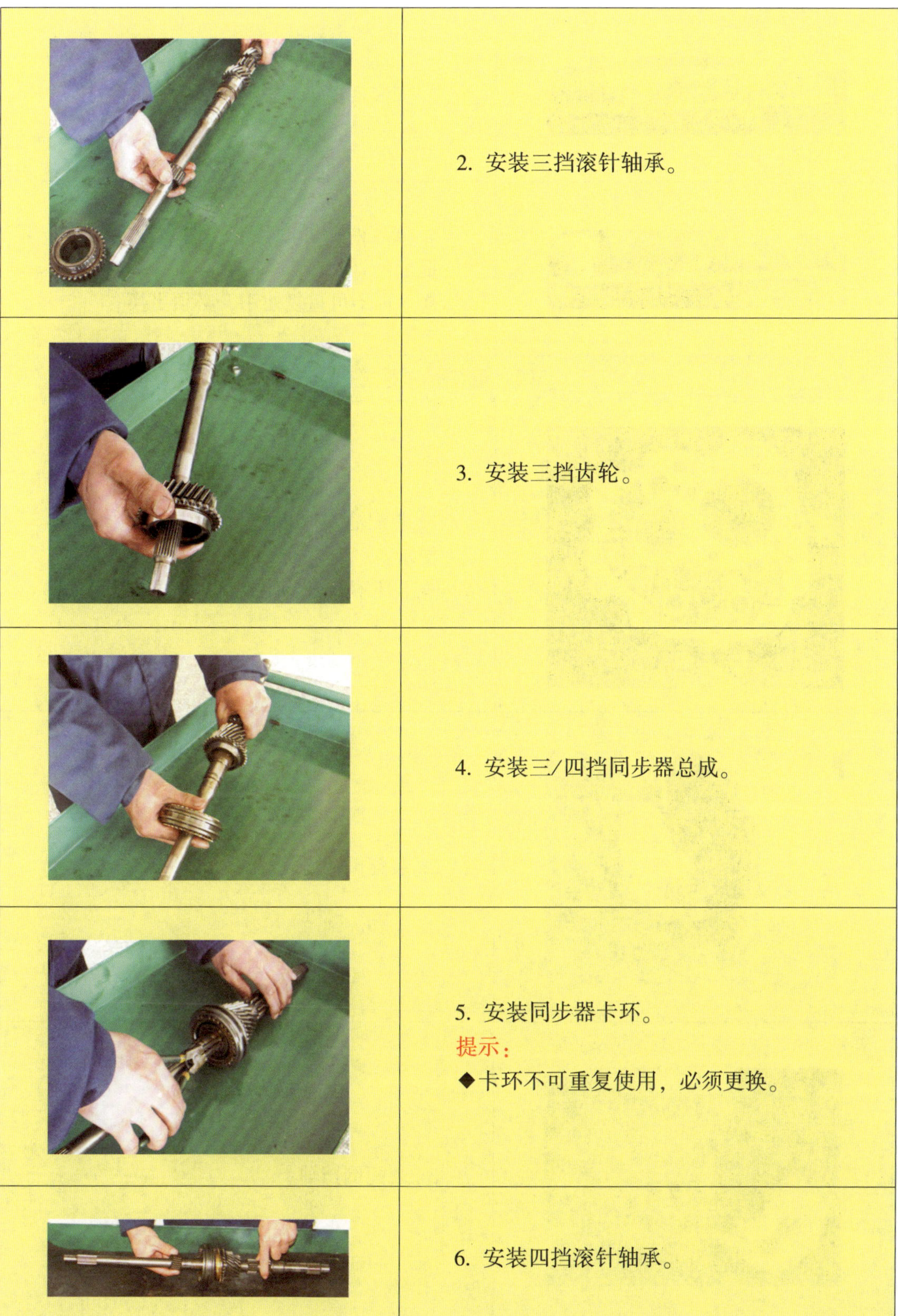

	2. 安装三挡滚针轴承。
	3. 安装三挡齿轮。
	4. 安装三/四挡同步器总成。
	5. 安装同步器卡环。 提示： ◆卡环不可重复使用，必须更换。
	6. 安装四挡滚针轴承。

<table>
<tr><td></td><td>7. 安装四挡齿轮。</td></tr>
<tr><td></td><td>8. 安装四挡齿轮卡环。
提示：
◆卡环不可重复使用，必须更换。</td></tr>
<tr><td colspan="2">四、组装壳体总成</td></tr>
<tr><td></td><td>1. 装配输入轴的中间轴承及卡环。
提示：
◆卡环不可重复使用，必须更换。</td></tr>
<tr><td>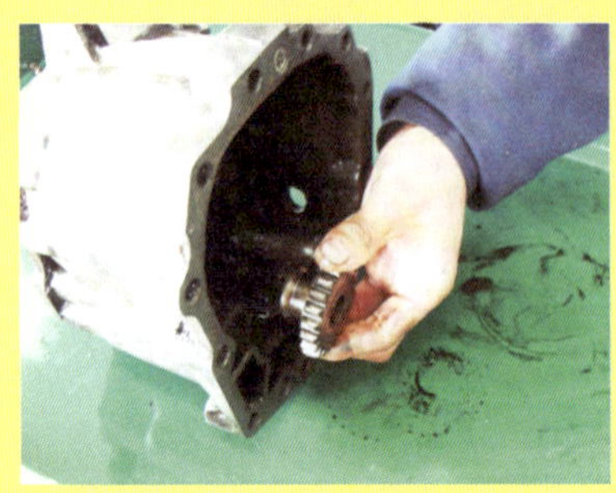</td><td>2. 装配倒挡齿轮。</td></tr>
<tr><td></td><td>3. 装配倒挡轴。</td></tr>
</table>

	4. 装配输入轴、输出轴。 提示： ◆将输入轴、输出轴一起装入壳体。 5. 装配变速器齿轮。 提示： ◆使用专用专床压入齿轮。
	6. 装配输出轴隔垫固定螺栓。 提示： ◆将输出轴固定后拧紧螺栓。 ◆该螺栓的拧紧力矩为 45 N·m。
	7. 装配互锁装置。
	8. 装配三/四挡拨叉轴。

	9. 装配倒挡拨叉。 （1）装配倒挡拨叉及倒挡拨叉轴。
	（2）紧固倒挡拨叉固定螺栓。 提示： ◆该螺栓的拧紧力矩为 35 N·m。
	（3）紧固倒挡定位螺栓。 提示： ◆该螺栓的拧紧力矩为 35 N·m。
	10. 装配三轴自锁装置。

	11. 装配三轴自锁装置闷头。 提示： ◆闷头不可重复使用，必须更换。
五、装配壳体总成	
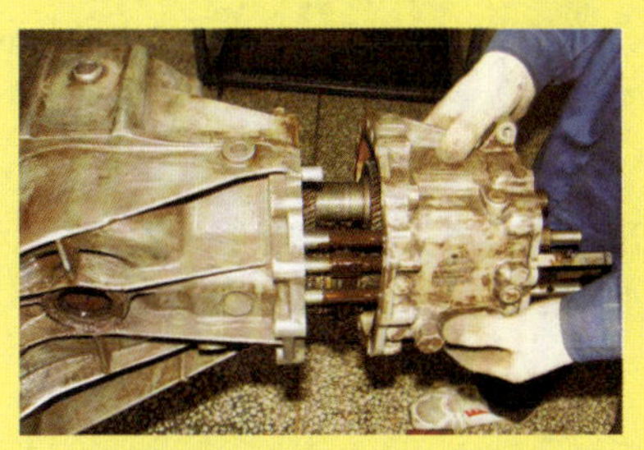	1. 将壳体装配于变速器前端盖上。 提示： ◆安装时注意 5 根轴分别和里面的孔对齐。
	2. 紧固壳体固定螺栓。 提示： ◆共有 11 个螺栓，分 2～3 次对角拧紧。 ◆螺栓的拧紧力矩为 35 N·m。
六、装配换挡操纵机构	
	1. 装配五挡常啮合齿轮。 （1）将五挡常啮合齿轮装入输出轴。

	（2）紧固五挡常啮合齿轮固定螺母。 提示： ◆该螺母的拧紧力矩为 50 N·m。
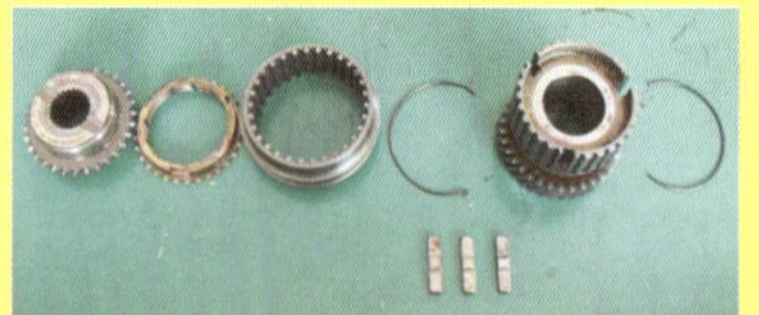	2. 组装五挡同步器总成。
	（1）安装同步器内滑块弹簧。
	（2）安装同步器滑块。 提示： ◆滑块的凸面对准接合套的凹槽方向。 ◆安装时，3 个滑块必须都要被滑块弹簧锁住。

	（3）安装同步器接合套。 提示： ◆将接合套的凹槽对准滑块后装入。
	（4）安装同步器外滑块弹簧。 提示： ◆滑块弹簧安装时，必须锁住 3 个滑块。
	（5）安装同步器齿环。
	（6）安装同步器齿圈。

	3. 装配一/二挡拨叉及锁销。 提示： ◆锁销用铜棒轻敲到位。
	4. 装配换挡滑杆。
	5. 装复五挡同步器总成、齿轮及滚针轴承、内衬套等。 （1）装配垫圈。
	（2）装配五挡内衬套。

	(3) 装配五挡滚针轴承。
	(4) 装上五挡同步器总成及齿轮。
	(5) 装配五挡拨叉锁销。 提示： ◆锁销用铜棒轻敲到位。
七、组装后端盖	
	1. 装配后端盖内换挡杆油封。 提示： ◆后端盖内换挡杆油封不可重复使用，必须更换新件。

	2. 装配内换挡杆的衬套。 提示： ◆内换挡杆的衬套不可重复使用，必须更换新件。
	3. 装配挡油圈和后盖轴承。
	4. 装配挡位定位销。
八、装配后端盖	
	1. 装上后端盖。

	2. 紧固后端盖固定螺栓。 提示： ◆共有 10 个螺栓，分 2～3 次对角拧紧。 ◆该螺栓的拧紧力矩为 30 N·m。
	3. 紧固输出轴固定螺栓。 提示： ◆装配时需要锁住输入轴。
	4. 装配变速器后端盖的密封盖。
	5. 装配倒车灯开关。

训 练 评 价

考核要求：

1. 在规定的时间内完成手动变速器的组装，使之符合技术标准。
2. 在操作过程中出现的违规操作，应及时指正。
3. 符合安全文明生产的要求。

考核标准：

考评标准表——手动变速器的组装

考核时间	考 核 项 目	分值	评分标准与指导	评价结果
60 min	正确使用工具	10	工具使用不当酌情扣分，并指正	
	组装输出轴	10	按要求酌情扣分，并指正	
	组装输入轴	10	按要求酌情扣分，并指正	
	组装壳体总成	20	按要求酌情扣分，并指正	
	装配壳体总成	10	按要求酌情扣分，并指正	
	装配换挡操纵机构	10	按要求酌情扣分，并指正	
	组装后端盖	10	按要求酌情扣分，并指正	
	装配后端盖	10	按要求酌情扣分，并指正	
	整理工具、清理现场	10	每项扣2分，扣完为止	
	遵守相关安全操作规范		因违规操作发生人身和设备事故，终止考核，成绩按0分计 超时每分钟扣1分，超时10 min终止考核	
	分数合计	100		

实训报告：

1. 叙述组装手动变速器的步骤。
2. 叙述组装手动变速器的注意事项。